Erica Bänziger

Marroni
die Kastanienküche

pronto

© pronto Kochücher
in der Edition Fona GmbH, CH-5600 Lenzburg
www.fona.ch
Verantwortlich für den Inhalt: Léonie Haefeli-Schmid
Rezept- und Bildnachweis beim Verlag
Druck und Bindung: Stalling, Oldenburg
ISBN 3-03780-653-2

INHALT

EINFÜHRUNG

- 9 Edle und «wilde» Kastanien
- 11 Leckere Nuss aus dem Kaukasus
- 11 Der Siegeszug der Kastanie
- 12 Der Brotbaum der Armen
- 13 Alles Marroni?
- 13 Edelkastanien auf dem Prüfstand
- 16 Sorten für Liebhaber und Selbstversorger
- 16 Erntetradition im Tessin
- 17 Die Konservierung der Kastanien
- 18 Die Kunst der Haltbarmachung
- 19 Kastanie und Gesundheit
- 19 Der Nährwert der Kastanie
- 20 Kastanien in der Küche
- 21 So finden Kastanienprodukte Verwendung
- 22 Wichtiger Hinweis zu den Rezepten

REZEPTE

Salate und Suppen

- 24 Fruchtiger Herbstsalat
- 26 Endiviensalat mit Kastanien und Roquefort
- 27 Kastanien-Reis-Suppe mit Lauch
- 28 Provenzalische Kastaniensuppe mit Maiskörnern
- 30 Linsen-Kastanien-Suppe mit Curry
- 31 Kastanien-Kürbis-Suppe

Vorspeisen

- 32 Kastanien-Ziegenfrischkäse-Aufstrich
- 34 Buchweizenomelett mit Kastanien-Gemüse-Füllung
- 35 Kastanienfoccacia mit Oliven, Sardellen und Peperoncini
- 37 Kastanien-Buchweizen-Blinis mit Lauch
- 38 Pikante Kastanienrouladen
- 40 Castagnaccio - Maronenkuchen mit Rosmarin
- 41 Kastanien-Linsen-Terrine

Hauptgerichte

- 42 Kastanienragout mit Salbei
- 44 Würziges Kastanienpüree
- 44 Kastanienspätzle
- 45 Knödel mit Kastanienfüllung
- 47 Tagliatelle mit Kastanien und Curry
- 48 Kastanienpuffer mit Linsen und Steinpilzen
- 49 Kastanien-Mais-Medaillons
- 51 Kastanienravioli mit Salbeibuter
- 52 Kastanien-Kürbis-Curry mit Nudeln
- 54 Kastanien-Gemüse-Terrine
- 55 Schweinsfilet im Kastanien-Blätterteig-Mantel
- 57 Kastanien-Bulgur-Burger auf Rosmarinsauce

58	Caillettes traditionnelles ardéchoises – Adrio mit Kastanien
59	Zucchini mit Kastanien-Pilz-Füllung
61	Kastaniensoufflé mit Zwiebeln und Rosmarin
62	Kastanienbraten mit Pilzen und Nüssen
64	Hausgemachte Kastaniennudeln mit Kräuterrahmsauce
65	Tourte aux truites et aux marrons – Pikanter Fisch-Kastanien-Kuchen

Desserts

66	Birne mit Kastanienmousse
68	Kastanienpüree (Vermicelles) – Grundrezept
69	Zweifarbiges Kastanienmousse
70	Marroni-Schoko-Traum
73	Kastanienblinis mit Beeren
74	Ananassalat mit Kastanienkrokant
75	Kastanienpancakes mit Erdbeer-Kumquat-Salat
76	Bratäpfel mit Kastanien-Nuss-Füllung
79	Kastanienparfait
80	Kastanien-Schoko-Eiscake
81	Schnelle Kastanien-Quark-Creme
81	Kastanienflocken mit Beeren
82	Marroni-Shake
83	Truffes aux marrons – Kastanientrüffel
84	Tessiner Kastanienpralinen

Süßes Gebäck

86	Kastanienroulade
88	Feine Kastanientorte mit Schokoladenglasur
89	Kastanienwaffeln
91	Kastanien-Tiramisu
92	Marronicake

Verwendete Abkürzungen

EL	gestrichener Esslöffel
TL	gestrichener Teelöffel
dl	Deziliter
Msp	Messerspitze

Wo nicht anders vermerkt, sind die Rezepte für 4 Personen berechnet.

Edle und «wilde» Kastanien

Außer dem Namen und der Ähnlichkeit der Früchte haben Rosskastanien (bis im letzten Jahrhundert «wilde Kastanien» genannt) und Edelkastanien nichts gemein: Rosskastanien, botanisch Aesculus hippocastanum, dienen den Menschen nicht als Mahl, sondern ausschließlich in der Heilkunde für Badezusätze oder in Pulverform gegen Krampfadern, Durchfall und Frostbeulen. Verzehrt werden Rosskastanien allerdings gerne von Schweinen, Ziegen und Wild. Der Zusatz «Ross», im 16. Jahrhundert eingebürgert, bezieht sich möglicherweise auf die Früchte der Wilden Kastanie als Heilmittel für Pferde.
     Botanisch wird die Rosskastanie den Rosengewächsen zugeordnet. Edel- oder essbare Kastanien (Castanea sativa) zählen zur Familie der Buchengewächse und sind mit Eiche und Buche verwandt.

Edle und «wilde» Kastanien

Außer dem Namen und der Ähnlichkeit der Früchte haben Rosskastanien (bis im letzten Jahrhundert «wilde Kastanien» genannt) und Edelkastanien nichts gemeinsam.

Leckere Nuss aus dem Kaukasus

Die veredelten Kastanienbäume mit weit ausladender Krone stammen vermutlich aus den Ländern des Kaukasus, dem gebirgigen Gebiet zwischen Schwarzem und Kaspischem Meer. Die alten Armenier hatten sie kultiviert und die köstlichen Früchte mit «Kasutah» bezeichnet, das persische Wort für «trockene Frucht».

Die Römer latinisierten die armenische Bezeichnung zu «Castanea», die der britische Botaniker Miller um das Wort «sativa» erweiterte. Dies bedeutet so viel wie «sättigen» und dokumentiert die kulinarische Wertschätzung. Seither trägt die essbare Europäische Kastanie die botanische Bezeichnung «Castanea sativa» und distanziert sich damit von der Rosskastanie (Aesculus hippocastanum).

Begeistert waren die Römer aber auch vom Holz des Kastanienbaums. Es ist elastisch und dank des hohen Tanningehalts ausgesprochen witterungsbeständig. Daraus zimmerten die Römer Küchenutensilien, Tragkörbe und auch Fässer für den Wein. Die jungen Austriebe dienten als begehrte Pfähle für ihre Reben. Mit ihrem starken Wuchs, sogar in höheren Lagen bis auf etwa 1000 Meter über Meer, war die Kastanie zur Kultivierung geradezu prädestiniert.

Der Siegeszug der Kastanie

Mit der Ausdehnung des Römischen Reichs verbreitete sich auch die Kastanienkultur. Auf der Alpensüdseite bewirkte sie eine konsequente Umnutzung der Landschaft. Die herkömmliche Brandrodung zur Schaffung von Acker- und Weideland wich zu Gunsten einer aktiven Bewirtschaftung des Bodens mit Kastanienwäldern.

Auch nördlich der Alpen schlugen die mächtigen Kastanienbäume Wurzeln. Karl der Große (742–814) proklamierte ihren Anbau per kaiserliche Landgüterverordnung («Capitulare de villis», um 812 n. Chr.). Damit hielt die essbare Edelkastanie zusammen mit andern Bäumen des Südens wie Feigen, Mandeln und Maulbeeren Einzug in deutsche Landen. Sogar der Grundriss des Klosters St. Gallen aus dem Jahre 820 sieht einen «Castenarius» vor, also einen Kastanienhain.

Der deutsche Begriff «Marone» hat sich um 1600 eingebürgert, entlehnt aus dem französischen «marron» und dem italienischen «marrone». Möglicherweise fußen diese Namen in der Odyssee: Der griechische Dichter Homer nannte die Kastanie «Maraon».

In der Südschweiz etablierte sich die Kastanienkultur vor rund 1000 Jahren. Die Zunahme der mittleren Temperatur begünstigte den Anbau bis in die oberen alpinen Täler. Auf diesen kargen Schollen wuchs kaum genug Getreide fürs tägliche Brot.

Der Brotbaum der Armen

In Tat und Wahrheit lieferten Kastanienbäume auf den mageren Seitenhängen der Alpen zwei- bis dreimal mehr Kalorien pro kultivierte Einheit als der Getreideanbau. «Ein Baum pro Kopf» galt im Tessin als Faustregel, um die hungrigen Mäuler zu stopfen. Vorerst einmal bis Mais und Kartoffeln aus der Neuen Welt in der Südschweiz vor 200 Jahren Einzug gehalten haben und erneut während der beiden Weltkriege, als Grundnahrungsmittel knapp und Geld rar waren.

Wenn Hungersnöte drohten, mutierte Castanea sativa zum lebensspendenden Baum, mindestens für die arme Bergbevölkerung im Tessin. Für sie waren die Kastanien während vier bis sechs Monaten im Jahr generell das tägliche Brot. Die veredelten Kastanienbäume nannten sie schlicht, aber bedeutungsvoll «arbur», das Wort für «Baum». Es hat in verschiedenen Tessiner Dialekten bis heute seine Gültigkeit. Ein Kastanienhain heißt entsprechend «Selva» für «Wald».

Zuviel Aufhebens für eine Frucht, die gleichzeitig auch Nuss und Samen ist? Wer ausschließlich heiße Marroni kennt und schätzt, wird sich wundern: Im Tessin gedeiht noch heute eine unglaubliche Vielfalt essbarer Kastanien. Die Außenstelle Alpensüdseite der Forschungsanstalt für Wald, Schnee und Landschaft Birmensdorf (WSL) hat in mühsamer Kleinarbeit mehr als 100 (!) verschiedene Sortennamen registriert.

Von Dorf zu Dorf variiert das Angebot meistens zwischen vier und fünf, teilweise sogar bis zu 14 Sorten. Es handelt sich um ausgewählte Kombinationen von früh- bis spätreifenden Kastanien mit verschiedenen Eigenschaften für unterschiedliche Verwendungszwecke.

Alles Marroni?

Essbare Kastanien sind längst nicht nur Marroni. Die Unterschiede sind allerdings eher kommerzieller als botanischer Art und werden von Land zu Land anders definiert. Die «marrons» der Franzosen weisen höchstens 12 % Innenhaut-Einschlüsse auf. In Italien und in der Südschweiz gelten andere Kriterien: Marroni sind große Früchte mit höchstens 80 bis 85 Stück pro Kilo; sie sitzen in ihrer stacheligen Hülle höchstens zu dritt und sind elipsenförmig. Ihre Außenhaut ist hell durchzogen mit dunkleren Rippen. Die Innenhaut ist nicht eingewachsen und lässt sich leicht entfernen. Das Fruchtfleisch ist fest und schmeckt angenehm süß. Mit diesen Qualitätskriterien erzielen Marroni deutlich höhere Preise und dominieren den Kastanienmarkt.

Jedenfalls vorläufig, denn mit dem zunehmenden Bedürfnis nach Naturprodukten und gesunder Nahrung steigt auch die Nachfrage nach Kastanien, hauptsächlich aus biologischem Anbau. So gesehen haben alte, einheimische Sorten durchaus ihre Chance.

Edelkastanien auf dem Prüfstand

Kastanienbäume mit ihren köstlichen Früchten verdienen ihre Verbreitung – sogar nördlich der Alpen. Dass diese Ansicht keine Utopie ist, zeigt eine Sortenprüfung der Eidgenössischen Forschungsanstalt für Obst-, Wein- und Gartenbau in Wädenswil (FAW) in Zusammenarbeit mit der WSL.

In den Achtzigerjahren des letzten Jahrhunderts pflanzten Wissenschaftler Sämlinge ausgewählter Kastanienbäume auf einer Randparzelle der Forschungsanstalt in Wädenswil und überließen sie mehr oder weniger ihrem Schicksal (extensive Sortenprüfung).

Klimatische Einflüsse und die Bodeneigenschaften haben den Bestand nach und nach reduziert. Bei einem jährlich durchgeführten Marronibraten verglichen die Zuständigen jeweils die Früchte der verschiedenen Bäume.

1999 veröffentlichten Peter Rusterholz und Alfred Husistein von der FAW die Ergebnisse: Vier Sorten haben sich einerseits als überlebensfähig in Wädenswil erwiesen und andererseits auch bei Degustationen gut abgeschnitten. Drei sind Sämlinge aus dem Tessin, die nun die Namen Marowa, Brunella und Golino tragen. Sie sind eher kleinfruchtige, typische Tessiner Kastanien. Dies im Gegensatz zur vierten, großfruchtigen Sorte «Bouche de Betizac», einer Selektion des französischen Forschungsinstituts INRA in Bordeaux, Frankreich.

Brotbaum der Armen

Kastanienbäume lieferten auf den mageren Seitenhängen der Alpen zwei- bis dreimal mehr Kalorien pro kultivierte Einheit als der Getreideanbau. «Ein Baum pro Kopf» galt im Tessin als Faustregel, um die hungrigen Mäuler zu stopfen.

Sorten für Liebhaber und Selbstversorger

Die Wissenschaftler der Forschungsanstalt empfehlen die vier Neuheiten zwar nicht für den Erwerbsanbau, weil eine konkurrenzfähige und rentable Edelkastanienproduktion nördlich der Alpen nicht möglich sei. Für den Eigenbedarf würden sich die geprüften Sorten hingegen schon eignen. Voraussetzungen sind ein warmer Standort, wie für den Rebbau, sowie ein saurer Boden mit einem pH-Wert von 5 bis 6,5. Weil Edelkastanien als selbstunfruchtbar gelten, ist für eine ertragreiche Ernte mindestens ein zweiter Baum für die Pollenübertragung nötig. Die Sorte Brunella könnte dank ihrem schönen Wuchs auch als Zierbaum Karriere machen.

Wo es dem Kastanienbaum gefällt, kann er eine stattliche Höhe von 25 bis 30 Meter erreichen. Es gibt aber auch deutlich schwächerwüchsige Sorten. Einige tragen bereits nach wenigen Jahren erste stachelig ummantelte Früchte, andere erfordern 10 bis 15 Jahre Geduld. Die an der FAW geprüften Bäume brachten im 10. Standjahr eine respektable Ernte von 30 bis 40 Kilo.

Gemäss schriftlicher Überlieferung erreichen kräftige, gesunde Bäume den höchsten Ertrag im Alter von rund hundert Jahren und erst weitere hundert Jahre später lässt die Früchteproduktion nach! Ein Kastanienbaum kann so alt werden wie Methusalem, 500 Jahre sind keine Seltenheit. Auf der Alp Brusino am Monto S. Giorgio im Tessin steht ein Baum, der tausend Jahre alt sein soll.

Erntetradition im Tessin

Zwischen Mitte September und November – je nach Sorte und Region – fallen die Kastanien samt ihren Hüllen, Ricci genannt, vom Baum. In früheren Zeiten im Tessin bedeutete das schulfrei, was möglicherweise nur kurzfristig verlockend war. Denn während Wochen mussten mit gebücktem Rücken, und mit Handschuhen gegen die Stacheln bewaffnet, Kastanien vom Boden aufgelesen werden.

Der Namenstag des Heiligen Kornelius am 16. September galt als Stichdatum: Von diesem Tag an war die Beweidung der Kastanienhaine verboten. Betreten durften die Selven nur noch Eigentümer und zugelassene Sammler. Die Ernte dauerte bis Allerheiligen (1.11.), bis Heiliger Martin (11.11.), in höheren Lagen sogar bis Heilige Katharina (25.11.). Danach wurde die Ernte freigegeben. Jedermann konnte die restlichen Kastanien einsammeln.

Wenn die wie Seeigel anmutenden Hüllen reif sind und vom Baum fallen, sind sie meistens geöffnet und die glänzend braunen Kastanien leicht zu entnehmen. Sie sollten nicht vom Baum geschlagen werden, weil sie in den letzten Tagen vor dem natürlichen Fall einen wichtigen Reifungsprozess vollziehen.

In Tessiner Gebieten mit ausgedehnter Kastanienkultur hat man die Hüllen hingegen zur Konservierung genutzt. Das Herabschlagen war Sache des Familienoberhauptes, während die übrigen Sippenmitglieder die noch intakten Igel zusammenlesen und von den losen Früchten trennen mussten. Die geschlossenen Hüllen wurden zu einem Gärhaufen aufgeschichtet, dann mit Stroh, Farnkraut, Ginster, Reisig und sogar mit Steinen bedeckt. Solchermaßen von äußeren Einflüssen isoliert und somit unter Sauerstoffmangel setzt ein Gärprozess ein, der die Haltbarkeit der Kastanien bis zum nächsten Frühjahr ermöglicht.

Die Konservierung der Kastanien

Ausgereift vom Baum gefallen gehen die Kastanien schnell einmal den Weg alles Irdischen. Sie müssen mindestens jeden zweiten Tag aufgelesen und haltbar gemacht werden, andernfalls droht Wurm- und Schimmelbefall. Traditionell legt man die Kastanien während fünf bis neun Tagen in kaltes Wasser und bewahrt sie nach dem Abtrocknen schichtweise in trockenem Sand oder Sägemehl auf.

Damit Kastanien in früheren Zeiten bis zur folgenden Ernte haltbar waren, hat man sie in der Wärme eines Feuers gedörrt. Entweder in Hurden über dem heimischen Herd in der Küche, in einem Cheminée oder in Dörrhäusern als eigenständige Bauten. Sie standen teilweise mitten im Dorf, aus praktischen Gründen aber meistens direkt in den Selven. In den Kastanienhainen war Holz vor Ort jederzeit vorrätig. Zudem konnte man sich auch den Transport der frischen und somit schweren Früchte sparen. Ein weiteres Argument, das damals überlebenswichtig war: Die Brandgefahr im Dorf ließ sich vermeiden.

Gefeuert wurde selbstverständlich mit Kastanienholz, die Höhe der Flammen mit Kastanienlaub reguliert. Unter gelegentlichem Wenden trockneten die ausgebreiteten Früchte in der Wärme und im Rauch, der ihnen ein typisches Aroma nach Geräuchertem verlieh. Notabene ein Verfahren, das noch heute angewendet wird. Das Feuer war Tag und Nacht zu unterhalten, bis der Dörrvorgang nach rund 3 Wochen – je nach Dörranlage – vollendet, die Feuchtigkeit verdunstet und allfällige Pilzsporen, Mikroben und Wurmeier abgetötet waren. Die Kastanien schrumpfen während des Trocknungsprozesses auf etwa einen Drittel ihres ursprünglichen Volumens.

Nach dem Dörren schälte man die Kastanien meistens durch Schlagen. Dann wurden sie gesiebt und aus den kleinen sowie den zerbrochenen Früchten Mehl hergestellt. Zeugnis aus dieser Zeit ist eine der ältesten Turbinenmühlen der Alpensüdseite in Altirolo. Ihre Besitzer haben sie vor wenigen Jahren originalgetreu saniert und in Stand gestellt.

Die Kunst der Haltbarmachung

Heutige Konservierungsmethoden sind zwar einiges rationeller, aber sie halten im Prinzip an der alten Tradition fest. Das Centro di Cadenazzo, die Tessiner Unterstation der Forschungsanstalt Changins, empfiehlt verschiedene Methoden, je nach Verwendungszweck der Früchte. Nach der Ernte werden sie auf jeden Fall erst einmal einer Warmwasserbehandlung (Thermisierung) unterzogen: Dazu legt man die Kastanien während 45 Minuten in ein 50 °C heißes Wasserbad und kühlt sie anschließend in kaltem Wasser ab. Diese Prozedur dient in erster Linie der Entwurmung.

Für die Herstellung von geschälten Kastanien oder auch Kastanienmehl folgt nach dem Wasserbad das Trocknen. Für Marrons glacés werden die Kastanien geschält und tiefgefroren, bei Bedarf gekocht und mit Zucker glaciert.

Für gebratene Marroni legt man die Früchte nach der Thermisierung über Nacht in kaltes Wasser und lässt sie dann gut trocknen. Das reduziert die Anfälligkeit der Früchte auf Pilzbefall, genauso wie die anschließende Trocknung an einem warmen Ort oder mit einem Kaltluftgebläse. So vorbereitete Kastanien können bei Temperaturen unter 10 °C während drei bis vier Monaten gelagert werden.

Kastanie und Gesundheit

Die Kastanie ist ein reines Naturprodukt, das in lichten Hainen (extensiver Anbau) ohne jegliche chemisch-synthetische Hilfsmittel kultiviert wird. Kastanie, naturbelassenes Getreidekorn (volles Korn) und Kartoffel sind Stärkeprodukte (Kohlenhydrate) und vom Nährwert her sehr ähnlich; sie können untereinander ausgetauscht oder kombiniert werden.

Die Kastanie ist zusammen mit der Kartoffel sowie dem Mais eines der wenigen basenbildenden Stärkeprodukte (im Gegensatz zum Getreide, das immer säurebildend ist). Mit Kastanienprodukten leisten wir also einen Beitrag im Kampf gegen die Übersäuerung des Organismus. Die Frucht ist reich an Kalium, was zu einer natürlichen, sanften Entwässerung des Organismus führt. Da die Kastanie kein Klebereiweiß (Gluten) enthält, eignet sie sich auch bei Glutenunverträglichkeit (Zöliakie).

Der Nährwert der Kastanie

100 g frische, geschälte Kastanien enthalten: Kcal/kJ   192/813

Eiweiß	2,48 g	Natrium	2 mg	Vitamin A	12 mg
Fett	1,9 g	Kalium	707 mg	Vitamin B_1	0,23 mg
Kohlenhydrate	41,2 g	Kalzium	33 mg	Vitamin B_2	0,22 mg
Fasern	8,37 g	Magnesium	5 mg	Niacin	0,5 mg
Wasser	44,87 g	Phosphor	87 mg	Vitamin C	6,0 mg
		Eisen	1,32 mg		

Kastanien in der Küche

Die ab Herbst bis Ende Februar im Handel erhältlichen Marroni sind für den sofortigen Verbrauch bestimmt; im Gemüsefach des Kühlschrankes sind sie in einem Papiersack (!) während einiger Tage lagerfähig. Dann trocknen sie ein, verlieren von ihrem köstlichen Aroma oder werden schlimmstenfalls von Schimmel befallen. Frische Kastanien lassen sich jedoch problemlos tiefkühlen.

Erntefrische Kastanien tiefkühlen

Gut die Hälfte der Schale auf der runden Seite der Kastanie mit einem scharfen Messer nur so tief einritzen, dass die Frucht nicht verletzt wird. Anschließend in kochendem Wasser portionenweise während 4 Minuten (ab Siedepunkt des Wassers gemessen) blanchieren.

Kastanien zum Braten
Die blanchierten Früchte im kalten Wasserbad auskühlen lassen, dann in Tiefkühlbeutel füllen, mit Datum und Gewicht beschriften und einfrieren. Lagerzeit: etwa 12 Monate

Kastanien zum Kochen
Die Früchte nach dem Blanchieren möglichst heiß schälen und die Häutchen mit einem Messer abziehen. Ausgekühlte, vorbereitete Kastanien in Tiefkühlbeutel füllen und einfrieren. Lagerzeit: etwa 12 Monate

Kastanien-Püree
Man kocht die geschälten Kastanien im Dampf, bis sie zerfallen, und püriert sie mit einem Stabmixer oder dreht sie durch das Passevite. Nach Belieben süßen und in Tiefkühldosen oder -beuteln einfrieren. Lagerzeit: rund 12 Monate

Erntefrische Kastanien für den sofortigen Verbrauch

Rohverzehr
Frische Kastanien kann man auch roh essen. Ihr volles Aroma entfalten sie jedoch erst durch Rösten oder Kochen; dann lassen sie sich auch besser schälen.

Kastanien blanchieren und schälen
Man blanchiert die frischen, eingeritzten Kastanien portionenweise während 4 Minuten in kochendem Wasser. Anschließend die noch heißen Früchte schälen, das Häutchen mit einem Messer abziehen. Die geschälten Kastanien gemäß Rezept weiterverarbeiten.

Heiße Marroni

Marroni-Ofen Am besten lassen sich frische, eingeritzte Marroni in einem speziellen Marroni-Ofen zubereiten.

Marroni im Backofen Ofen auf 220 °C vorheizen. Eingeritzte Marroni einschichtig auf ein Blech legen und unter gelegentlichem Wenden mit einem Holzspachtel braten, bis die Schalen aufspringen. Bratzeit: rund 20 Minuten.

So finden Kastanienprodukte Verwendung

Ungesüßtes Kastanienpüre aus dem Glas Suppen; süßes und salziges Gebäck; Glaces, Parfaits; Desserts; Brotaufstrich

Süßes Kastanienpüree Glaces, Parfaits; Desserts; Vermicelles

Kastanien nature aus dem Glas Suppen, Salate, Terrinen, pikante Aufläufe, zur weiteren Verwendung als Püree, zum Backen

Kastanienmehl Für die Zubereitung von Biskuits, Crêpes, Spätzli, Nudeln, Brot, Pizzas, Focacce usw., entweder solo oder mit einem anderen Mehl (Weizen- oder Dinkelmehl) gemischt. Wichtig: Kastanienmehl aus luftgetrockneten (!) Früchten hat einen wenig aufdringlichen, angenehmen Geschmack. Kastanienmehl aus im Feuer getrockneten Früchten hat ein typisches Aroma von Geräuchertem und ist geschmacksintensiv; das Backgut/Bratgut hat einen leicht bis stark bitteren Geschmack.

Kastanienflocken Müesli, schnelle Suppen, Desserts, als Snack zum Knabbern

Kastanienlikör Zum Aromatisieren von Desserts und süßem Gebäck.

Wichtiger Hinweis zu den Rezepten

In allen Rezepten können frische, gefrorene, gekochte oder eingelegte Kastanien aus dem Glas (Biohandel) verwendet werden, genauso wie die entsprechende Menge getrockneter, bereits vorgekochter Früchte.

Frische Kastanien

1 kg frische Kastanien (samt Schale) entsprechen etwa 850 g blanchierten, geschälten Kastanien.

Gekochte Kastanien

Blanchierte, geschälte Kastanien (Seite 20) im Dampf im Siebeinsatz 10 bis 12 Minuten garen.

Dörrkastanien

100 g getrocknete Kastanien entsprechen etwa 200 g gekochten Kastanien.
Getrocknete Kastanien sollten über Nacht in reichlich kaltem Wasser eingeweicht werden. Einweichwasser weggießen. Die braunen Häutchen vor dem Kochen entfernen.
- Kastanien im Dampfkochtopf in wenig Wasser während rund 30 Minuten garen, oder
- in einer Pfanne mit wenig Wasser während 45 bis 50 Minuten kochen, je nach Verwendungszweck und gewünschter Konsistenz.
- Schnelle Variante: 200 g getrocknete Kastanien mit $1/2$ l Wasser in einen Dampfkochtopf geben und auf Stufe 1 etwa 30 Minuten garen. Häutchen entfernen, braune Stellen wegschneiden und die Kastanien weiterverarbeiten.

Wichtig: Die weitere Garzeit ist unbedingt zu berücksichtigen, also die Kastanien nicht zu weich garen.

Tiefgekühlte Kastanien

Ohne vorheriges Auftauen während 4 bis 15 Minuten garen.

Kastanien im Glas

Essbereit. Auch für die schnelle Küche.

Kastanienpüree, gesüßt und ungesüßt

Essbereit.

Wer holt die Kastanien aus dem Feuer?

Dieses geflügelte Wort stellt sich, wenn es um die Übernahme einer unangenehmen Aufgabe geht. Es stammt vom preußischen Staatsmann Otto von Bismarck (1815 bis 1898).

Fruchtiger Herbstsalat

200 g geschälte Kastanien, Seite 20
1 EL Olivenöl extra nativ
2 mittelgroße rote Äpfel
200 g blaue Traubenbeeren
2 Brüsseler Endivien

Marinade
3–4 EL weißer Balsamessig
frisch gemahlener Pfeffer
Kräutermeersalz
5 EL kalt gepresstes Haselnussöl

½ Bund Rucola

1
Die geschälten Kastanien im Siebeinsatz im Dampf 10 bis 12 Minuten weich garen. Abkühlen lassen. In einer Bratpfanne im Olivenöl kurz braten.

2
Die Äpfel vierteln, entkernen und in feine Scheiben schneiden. Die Traubenbeeren halbieren.

3
Die Marinade zubereiten. Äpfel und Traubenbeeren mit der Marinade vermengen. 10 Minuten marinieren.

4
Die Brüsseler Endivien längs halbieren, den harten Teil keilförmig herausschneiden, quer halbieren oder dritteln.

5
Sämtliche Zutaten miteinander vermengen.

Endiviensalat
mit Kastanien und Roquefort

¹/₂ Endiviensalat
100 g Roquefort
100 g Gruyère
80 g Baumnüsse/Walnüsse
150 g gekochte Kastanien, Seite 20

Sauce
2–3 EL milder Weiß-
weinessig
1 EL weißer Balsamessig
1 TL Senf
Meersalz
frisch gemahlener Pfeffer
6 EL Olivenöl extra nativ
1 Knoblauchzehe

2 Williams-Birnen für
die Garnitur
reichlich fein gehackte
Petersilie

1
Endiviensalat putzen, in Streifen schneiden. Den Roquefort und den Gruyère würfeln. Die Baumnüsse grob hacken.
2
Die Sauce zubereiten. Die Knoblauchzehe schälen und dazupressen. Blattsalat, Käse, Nüsse und Kastanien mit der Sauce vermengen.
3
Die Birnen schälen, vierteln, entkernen und längs in feine Scheiben schneiden.
4
Die Birnenscheiben und den Salat auf Tellern anrichten. Mit der Petersilie bestreuen. Sofort servieren.

Kastanien-Reis-Suppe
mit Lauch

1 EL Olivenöl extra nativ
1 kleine Zwiebel
2 kleine Lauchstangen
40 g Vollkornreismehl
1 TL mittelscharfes
Currypulver
1 Prise Ingwerpulver
1 Prise gemahlene
Muskatnuss
1 l Gemüsebrühe
200 g geschälte Kastanien,
Seite 20
1 dl/100 ml Rahm/Sahne
Kräutermeersalz
frisch gemahlener Pfeffer

Blütenblätter von Ringelblumen nach Belieben

1
Die Zwiebel schälen und fein hacken. Den Lauch putzen, in feine Streifen schneiden, ein Drittel für die Garnitur beiseite legen.
2
Die Zwiebeln und den Lauch im Öl andünsten. Das Reismehl sowie die Gewürze kurz mitdünsten. Kastanien zugeben. Mit der Gemüsebrühe aufgießen, aufkochen und die Suppe bei schwacher Hitze köcheln, bis die Kastanien weich sind. Die Suppe pürieren.
3
Die Suppe mit dem Rahm aufkochen, 2 Minuten köcheln. Abschmecken mit Kräutersalz und Pfeffer.
4
Kastaniensuppe in vorgewärmten Tellern anrichten. Den Lauch darüber streuen. Mit Blütenblättern von Ringelblumen garnieren.

Provenzalische Kastaniensuppe
mit Maiskörnern

2 EL Olivenöl extra nativ
1 kleine Zwiebel
2 Knoblauchzehen
300 g geschälte Kastanien, Seite 20
1 l Gemüsebrühe
Kräutermeersalz
frisch gemahlener Pfeffer
geriebene Muskatnuss
1 TL getrocknete Provencekräuter
1 dl/100 ml Rahm/Sahne
1 Zuckermaiskolben oder 100 g Maiskörner, aus dem Glas oder tiefgekühlt
$1/2$ TL fein geriebener Ingwer

1
Die Zwiebel und die Knoblauchzehen schälen und fein hacken. Den Zuckermaiskolben von Hüllblättern und Barthaaren befreien. Den Kolben quer halbieren und mit der Schnittfläche auf die Arbeitsfläche stellen, die Körner mit einem scharfen Messer vom Kolben schneiden. Die Körner im Dampf einige Minuten garen.

2
Die Zwiebeln und den Knoblauch im Olivenöl andünsten. Die Kastanien zugeben, mit der Gemüsebrühe aufgießen, aufkochen. Die Suppe mit Kräutersalz, Pfeffer und Muskat würzen, bei schwacher Hitze köcheln, bis die Kastanien weich sind. Die Hälfte der Kastanien mit dem Schaumlöffel herausnehmen, beiseite legen. Die Suppe pürieren.

3
Die Kastaniensuppe mit dem Rahm aufkochen. Kastanien und Maiskörner in der Suppe erhitzen. Mit dem Ingwer abschmecken. Eventuell mit Salz und Pfeffer nachwürzen.

4
Die Suppe in vorgewärmten Tellern anrichten. Einige Tropfen Olivenöl darüber träufeln.

Linsen-Kastanien-Suppe
mit Curry

1 EL Olivenöl extra nativ
150 g rote Linsen
150 g geschälte Kastanien, Seite 20
2 TL mildes Currypulver
2 TL Kurkuma/Gelbwurz
1,2 l Gemüsebrühe
Kräutermeersalz
frisch gemahlener Pfeffer
1 dl/100 ml Rahm/Sahne oder 100 g Crème fraîche
wenig Majoran

1
Linsen und Kastanien im Öl andünsten. Curry und Kurkuma darüber streuen. Mit der Gemüsebrühe aufgießen, die Suppe aufkochen und bei schwacher Hitze rund 30 Minuten köcheln, bis die Linsen und die Kastanien weich sind. Die Suppe pürieren.

2
Die Suppe aufkochen, je nach Konsistenz mit wenig Gemüsebrühe verdünnen, würzen.

3
Linsen-Kastanien-Suppe in vorgewärmten Tellern anrichten. Mit dem geschlagenen Rahm und den Majoranblättchen garnieren.

Kastanien-Kürbis-Suppe

2 EL Olivenöl extra nativ
1 kleine Zwiebel
600 g Kürbis
250 g geschälte Kastanien oder 120 g getrocknete Kastanien, Seite 20
6–8 dl/600–800 ml Gemüsebrühe
Meersalz
frisch gemahlener Pfeffer
geriebene Muskatnuss
2 dl/200 ml Rahm/Sahne
1 EL Zitronensaft
1/2 Bund frischer Majoran, fein gehackt

1
Die Zwiebel schälen und fein hacken. Den Kürbis schälen, entkernen und klein würfeln.
2
Die Zwiebeln mit dem Kürbis im Öl andünsten, die Kastanien zugeben. Gemüsebrühe aufgießen, aufkochen. Die Suppe mit Salz, Pfeffer und Muskat würzen, bei schwacher Hitze köcheln, bis der Kürbis und die Kastanien gut weich sind. Pürieren.
3
Die Hälfte des Rahms für die Garnitur steif schlagen.
4
Die Suppe mit dem Rahm aufkochen, kurz köcheln lassen. Mit dem Zitronensaft abschmecken. Mit Salz und Pfeffer nach Belieben nachwürzen.
5
Die Suppe in vorgewärmten Tellern anrichten. Mit dem Schlagrahm und dem Majoran garnieren.

Kastanien-Ziegenfrischkäse-Aufstrich

1 große Baguette

*100 g milder Ziegenfrisch-
käse oder
100 g Frischkäse nach
Belieben, z. B. Gervais
100 g gekochte Kastanien,
Seite 22
1 Basilikumzweiglein,
ca. 10 Blätter
1/2 Bund glattblättrige
Petersilie
2 Knoblauchzehen
einige Tropfen Balsamessig
wenig abgeriebene Schale
einer unbehandelten Zitrone
oder Limonenöl
2–3 EL Olivenöl extra nativ
Kräutermeersalz
frisch gemahlener Pfeffer*

1
Frischkäse, Kastanien, Basilikum, gezupfte Petersilie (ohne Stiele) und geschälten Knoblauch in der Moulinette zu einer glatten und streichfähigen Masse verarbeiten. Balsamessig, Zitronenschalen und Olivenöl unterrühren, mit Kräutersalz und Pfeffer abschmecken.

2
Baguette in dünne Scheiben schneiden. Mit dem Kastanien-Frischkäse-Aufstrich bestreichen.

Varianten

Aus der Paste kleine Kugeln formen und diese in Alfalfasprossen drehen. Oder die Kugeln mit einem Basilikumblatt und einer Speckscheibe umwickeln und mit einem Zahnstocher fixieren. Oder Tomaten halbieren und aushöhlen, mit der Paste füllen. Oder Paste auf Weinblätter oder große Basilikumblätter geben, einwickeln; vor dem Servieren halbieren und mit Limonenöl beträufeln, mit gehackten Baum-/Walnüssen oder gerösteten Pinienkernen garnieren.

Buchweizenomelett mit
Kastanien-Gemüse-Füllung

für 4 Omeletts

Teig
**3 dl/300 ml Milch
2 Freilandeier
150 g Buchweizenmehl
1/2 TL Meersalz
Bratbutter/Butterschmalz
zum Backen**

Füllung
**2 EL Butter
1 Zwiebel
1–2 Zuckermaiskolben oder
200 g Zuckermaiskörner aus
dem Glas oder tiefgekühlt
200 g frische oder tief-
gekühlte Erbsen
2 TL Gemüsebrühepulver
2 dl/200 ml Rahm/Sahne
200 g geschälte, gekochte
Kastanien, Seiten 20/22**

*frischer Estragon
20 g geröstete, geschälte
Buchweizenkörner*

1
Für den Teig Milch und Eier verquirlen. Mehl und Salz beifügen, zu einem glatten Teig rühren. Zugedeckt mindestens 30 Minuten quellen lassen.

2
Die Zwiebel schälen und fein hacken. Die Zuckermaiskolben von Hüllblättern und Barthaaren befreien. Die Kolben quer halbieren und mit der Schnittfläche auf die Arbeitsfläche stellen, die Körner mit einem scharfen Messer vom Kolben schneiden. Den Estragon grob hacken.

3
Die Zwiebeln in der Butter kurz dünsten. Die Erbsen und die Maiskörner dazugeben und 2 bis 3 Minuten mitdünsten. Gemüsebrühepulver darüber streuen. Den Rahm angießen, bei schwacher Hitze köcheln lassen, bis die Erbsen und die Maiskörner gar sind. Tiefgekühlte Erbsen und Maiskörner aus dem Glas nicht andünsten, sondern zusammen mit dem Rahm zu den Zwiebeln geben. Die Kastanien kurz vor dem Servieren in der Sauce erhitzen. Den Estragon unterrühren.

4
In einer nicht klebenden Bratpfanne wenig Bratbutter zerlassen. Teig aufrühren. Omeletts ausbacken, warm stellen. Immer wieder wenig Bratbutter in die Bratpfanne geben.

5
Omeletts auf vorgewärmten Tellern anrichten. Eine Hälfte mit der Kastanien-Gemüse-Füllung belegen, zusammenklappen. Mit dem Buchweizen bestreuen und einem Estragonzweiglein garnieren.

Kastanienfoccacia
mit Oliven, Sardellen und Peperoncini

für 4 runde Foccace oder
1 viereckiges Blech

**300 g Kastanienmehl
(aus luftgetrockneten
Kastanien)
300 g Dinkel- oder Weizen-
ruchmehl/Mehltype 1050
1 TL Meersalz
40 g Hefe
ca. 4 dl/400 ml lauwarmes
Wasser
1 EL Olivenöl extra nativ**

Belag
**120 g Sardellenfilets
1 roter Peperoncino
einige Pinienkerne
30 schwarze Oliven
reichlich Rosmarinnadeln**

**Meersalz
2–3 EL Olivenöl extra
nativ**

1
Kastanien- und Dinkelmehl auf die Arbeitsfläche häufen und eine Vertiefung drücken. Das Salz auf den Rand streuen. Die Hefe zerbröckeln und in die Vertiefung geben. Lauwarmes Wasser nach und nach zur Hefe geben, immer wieder mit ein wenig Mehl vermengen. Alles zusammenfügen und das Olivenöl einkneten, den Teig etwa 10 Minuten von Hand oder in der Küchenmaschine kneten, in eine Schüssel legen. Diese mit einem feuchten Tuch bedecken. Den Teig auf das doppelte Volumen aufgehen lassen.
2
Den Backofen auf 220 °C vorheizen.
3
Die Rosmarinnadeln grob hacken. Die Sardellenfilets ebenfalls hacken. Den Peperoncino in feine Ringe schneiden.
4
Den Teig nochmals durchkneten, je nach Blechgröße portionieren. Von Hand 5 mm dicke Fladen ausziehen/formen, in das eingefettete Blech legen. Sardellen, Peperoncin, Pinienkerne und Oliven darauf verteilen. Rosmarinnadeln darüber streuen. Mit Salz abschmecken.
5
Foccace im Backofen bei 220 °C auf mittlerem Einschub 12 bis 15 Minuten backen. Das Olivenöl darüber träufeln.

Tipp
An heißen Sommertagen mit einem bunten Salat als Hauptmahlzeit servieren. Gut dazu passen ein Glas Weiß- oder Roséwein.

Variante
Foccace nur mit Rosmarin, Salz und Olivenöl würzen. Der Teig eignet sich auch für Pizzas.

Kastanien-Buchweizen-Blinis
mit Lauch

VORSPEISEN

Teig
2 dl/200 ml Milch
2–3 Freilandeier
1 EL Olivenöl extra nativ
70 g Kastanienmehl
(aus luftgetrockneten
Kastanien)
70 g Buchweizen- oder
Dinkelvollkornmehl
1 Msp Meersalz
$1/2$ TL phosphatfreies
Backpulver
2 EL gehackte Gartenkräuter
Olivenöl extra nativ oder
Butter zum Ausbacken

Gemüse
1 EL Olivenöl extra nativ
500 g kleine Lauchstangen
1 EL mittelscharfes
Currypulver
1 dl/100 ml Weißwein
Gemüsebrühepulver
Meersalz
frisch gemahlener Pfeffer

Buchweizensprossen

**Tipp
Für eine Mahlzeit die
Menge verdoppeln**

1
Für den Teig Milch, Eier und Olivenöl verquirlen. Mehle, Salz sowie Backpulver beifügen, zu einem glatten Teig rühren. 30 Minuten quellen lassen. Die Kräuter unterrühren.

2
Den Lauch putzen und diagonal in etwa 4 cm lange Stücke schneiden, im Olivenöl andünsten, Curry darüber streuen, Weißwein angießen, den Lauch knackig garen. Würzen mit Gemüsebrühepulver, Salz und Pfeffer.

3
In einer nicht klebenden Bratpfanne ein wenig Olivenöl erhitzen. Den Bliniteig aufrühren. Blinis ausbacken. Warm stellen.

4
Die Blinis zusammen mit dem Lauch auf vorgewärmten Tellern anrichten. Mit den Sprossen garnieren.

Variante
Den Lauch durch Räucherlachs ersetzen, den man mit Limonenöl beträufelt. Mit frischem Dill garnieren.

Pikante Kastanienrouladen

für 6 Personen

Crêpes
2,5 dl/250 ml Milch
3 Freilandeier
1 EL Olivenöl extra nativ
90 g Kastanienmehl
(aus luftgetrockneten Kastanien)
$1/2$ TL Meersalz
2 EL gehackte Rosmarinnadeln
Olivenöl extra nativ zum Ausbacken

Füllung
250 g Räucherlachs, fein gehackt

Blattsalat
Limonenöl

1
Für den Teig Milch, Eier und Olivenöl verquirlen. Mehl und Salz beifügen, zu einem glatten Teig rühren. Zugedeckt 30 Minuten oder länger quellen lassen. Den Rosmarin unterrühren.

2
In einer nicht klebenden Bratpfanne ein wenig Olivenöl erhitzen. Crêpeteig aufrühren und 6 Crêpes ausbacken. Warm stellen. Immer wieder wenig Olivenöl in die Bratpfanne geben.

3
Den Räucherlachs auf die noch warmen Crêpes verteilen, aufrollen und in Stücke schneiden.

4
Den Blattsalat auf Tellern anrichten. Die Rouladen darauf legen. Mit Limonenöl beträufeln.

Variante
Crêpes mit gebratenen gemischten Pilzen füllen.

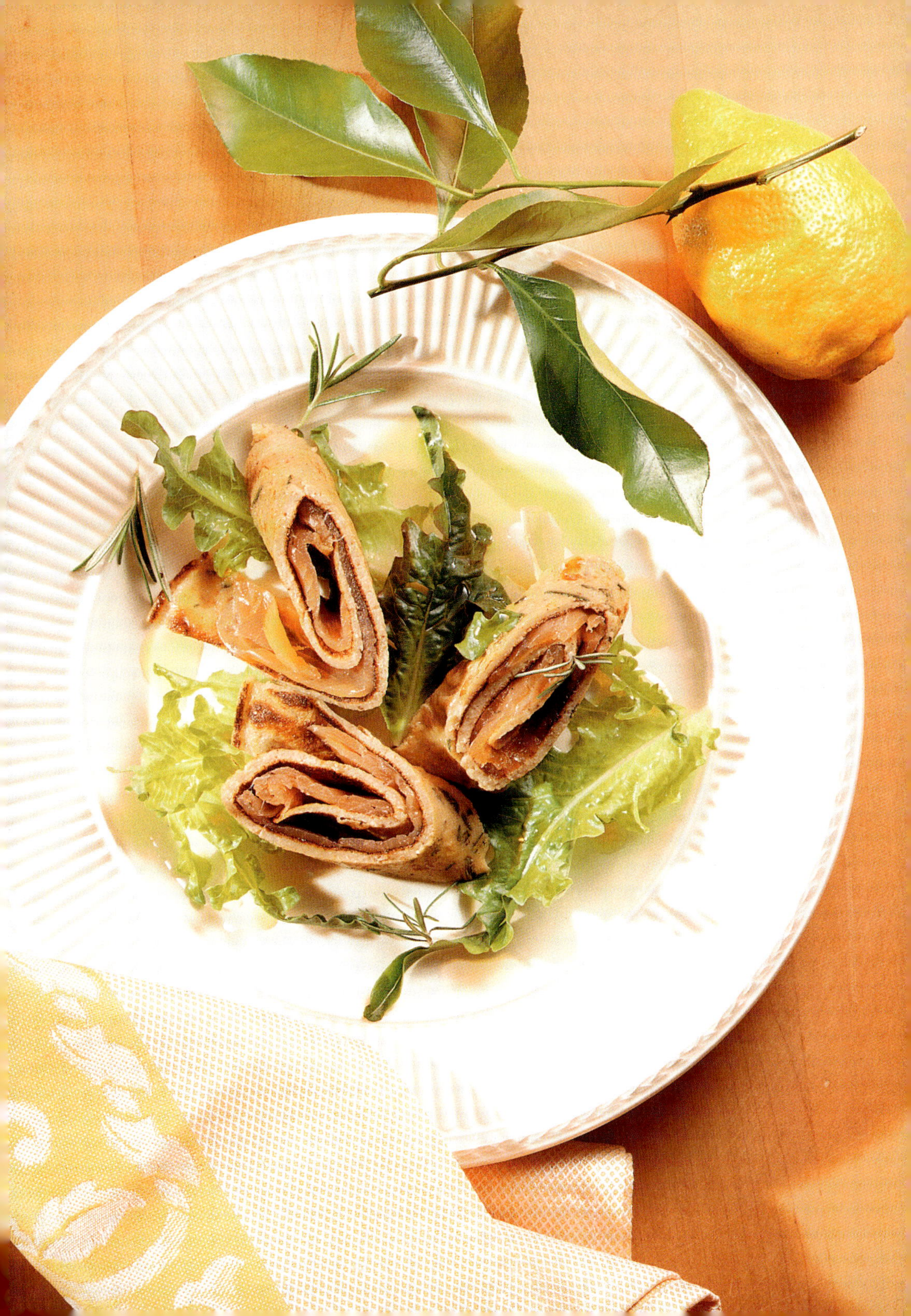

Castagnaccio –
Maronenkuchen mit Rosmarin

für eine Springform
von 26 cm Durchmesser

**250 g Kastanienmehl
(aus luftgetrockneten
Kastanien)
1/2 TL Meersalz
2 EL Olivenöl extra nativ
2,5 dl/250 ml warmes Wasser
100 g eingeweichte Rosinen
120 g Pinienkerne
1 EL gehackte Rosmarin-
nadeln**

1
Den Backofen auf 180 °C vorheizen. Die Springform mit Butter ausstreichen.

2
Das Kastanienmehl und das Salz mischen. Das Olivenöl und das Wasser dazugeben, zu einem glatten Teig rühren. Rosinen, Pinienkerne und Rosmarin unterrühren. Den Teig in die Form füllen und glatt streichen.

3
Maronenkuchen im Backofen bei 180 °C rund 40 Minuten backen. Nadelprobe machen.

Castagnaccio
Ein typisches Tessiner Rezept, das mit Rotwein oder Kaffee serviert wird.

Kastanien-Linsen-Terrine

für eine kleine Terrinenform

1 l Gemüsebrühe
100 g rote Linsen
200 g geschälte Kastanien, Seite 20
2 EL Olivenöl extra nativ
350 g Champignons
8 kleine Knoblauchzehen
2 kleine Zwiebeln oder 2 Schalotten
2 Bund Petersilie
1 TL fein gehackte Rosmarinnadeln
1 TL gehackter Thymian
Kräutermeersalz
frisch gemahlener Pfeffer
eventuell wenig Mehl

Tipp
Wie jede andere Terrine garnieren. Als Vorspeise, oder mit Salat als leichtes Abendessen servieren

1
Die Linsen und die Kastanien in der Gemüsebrühe sehr weich kochen, die Brühe abgießen.
2
Die Knoblauchzehen und die Zwiebeln schälen und grob hacken. Die Champignons putzen, je nach Größe halbieren oder vierteln. Die Petersilie hacken. Knoblauch, Zwiebeln, Champignons und sämtliche Kräuter im Olivenöl 3 bis 4 Minuten dünsten.
3
Den Backofen auf 180 °C vorheizen.
4
Linsen, Kastanien und Pilze im Cutter oder in der Moulinette fein hacken oder durch das Passevite drehen oder den Fleischwolf (die feinste Scheibe) drücken. Die Kastanienmasse mit Salz und Pfeffer würzen. Die Form mit Olivenöl ausstreichen und mehlen. Die Masse einfüllen und glatt streichen.
5
Die Terrine im Ofen auf mittlerem Einschub bei 180 °C 1 Stunde backen. Erkalten lassen.

HAUPTGERICHTE

Kastanienragout
mit Salbei

4 EL Olivenöl extra nativ
2 kleine Zwiebeln
30 Salbeiblätter
800 g geschälte Kastanien, Seite 20
$^1/_2$ l Milch
Kräutermeersalz
frisch gemahlener Pfeffer

Tipp
Kastanienragout mit Gemüse und Salat als Mahlzeit servieren

1
Die Zwiebeln schälen, fein hacken. Die Salbeiblätter in Streifchen schneiden.

2
Die Zwiebeln im Olivenöl andünsten, den Salbei und die Kastanien zugeben, kurz mitdünsten. Mit der Milch aufgießen, bei schwacher Hitze 8 bis 12 Minuten köcheln, bis die Kastanien weich sind. Möglichst nicht rühren, damit die Früchte nicht zerfallen. Je nach Flüssigkeit ein wenig Milch nachgießen, das Ragout darf nicht zu trocken sein.

Zum Rezept
Ein traditionelles Gericht aus der Ardèche.

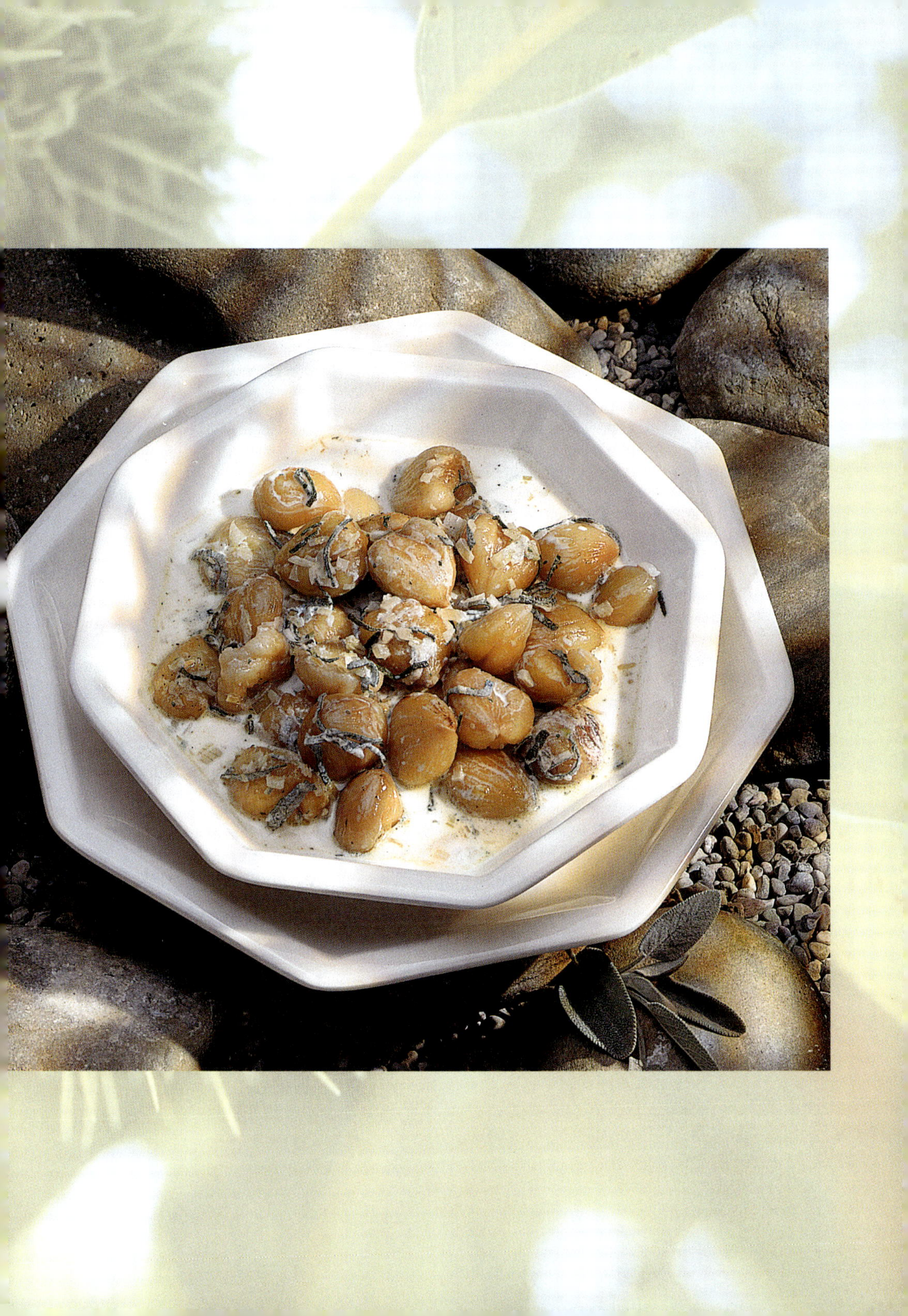

Würziges
Kastanienpüree

1 kg geschälte Kastanien,
Seite 20
ca. 3 dl/300 ml Milch
50 g Butter
1 Prise Vollrohrzucker
Meersalz
frisch gemahlener Pfeffer

1
Die Kastanien in einem Siebeinsatz im Dampf sehr weich garen.

2
Die noch heißen Kastanien durch das Passevite direkt in die Pfanne drehen, die Milch und die Butter zugeben und unter kräftigem Rühren mit dem Schneebesen aufkochen, würzen.

Tipp
Ideal zum Füllen von Tomaten und als Ersatz für Kartoffelstock. Als Garnitur das Püree in einen Spritzbeutel mit großer Sterntülle füllen, direkt auf den Teller spritzen. Passt zu Rotkohl, Wild, Spätzle usw.

Kastanienspätzle

200 g Kastanienmehl (aus luftgetrockneten Kastanien)
200 g Dinkelvollkornmehl
4 Freilandeier
2 dl/200 ml Milch
1 TL Meersalz
1 EL Olivenöl extra nativ

Olivenöl extra nativ
2 Zweiglein Salbei

Tipp
Kastanienspätzle können sehr gut tiefgekühlt werden. Gefroren in das kochende Salzwasser geben

1
Sämtliche Zutaten für den Teig in eine Schüssel geben, zu einem glatten Teig rühren. 30 Minuten zugedeckt ruhen lassen.

2
In einem großen Kochtopf reichlich Salzwasser aufkochen. Den Teig durch das Spätzlesieb in Portionen in das Kochwasser streichen. Sobald die Spätzle an die Oberfläche steigen, mit einem Schaumlöffel herausnehmen und unter kaltem Wasser abschrecken.

3
Salbeiblätter von den Stielen zupfen, in Streifchen schneiden, im Öl kurz dünsten. Die Spätzle darin schwenken. Mit Gemüse servieren.

Knödel

mit Kastanienfüllung

für 10 bis 12 Knödel

**1 kg mehlig kochende
Kartoffeln
2 Eigelb von Freilandeiern
2 EL Vollkornmehl
Meersalz
geriebene Muskatnuss
10–12 gekochte Kastanien,
Seite 22**

**Tipp
Als Beilage servieren**

1
Die Kartoffeln schälen und würfeln. Im Dampf weich garen. Noch heiß durch das Passevite drehen. Das Eigelb und das Mehl unterrühren. Es soll eine weiche, formbare Masse entstehen. Mit Salz und Muskatnuss würzen.

2
Aus der noch warmen Kartoffelmasse von Hand 4 bis 5 cm große Kugeln formen, eine Vertiefung drücken und diese mit einer Kastanie füllen, wieder rund formen.

3
In einem großen Kochtopf reichlich Salzwasser aufkochen. Die Knödel hineingeben, bei schwacher Hitze 10 Minuten ziehen lassen. Mit einem Schaumlöffel herausnehmen.

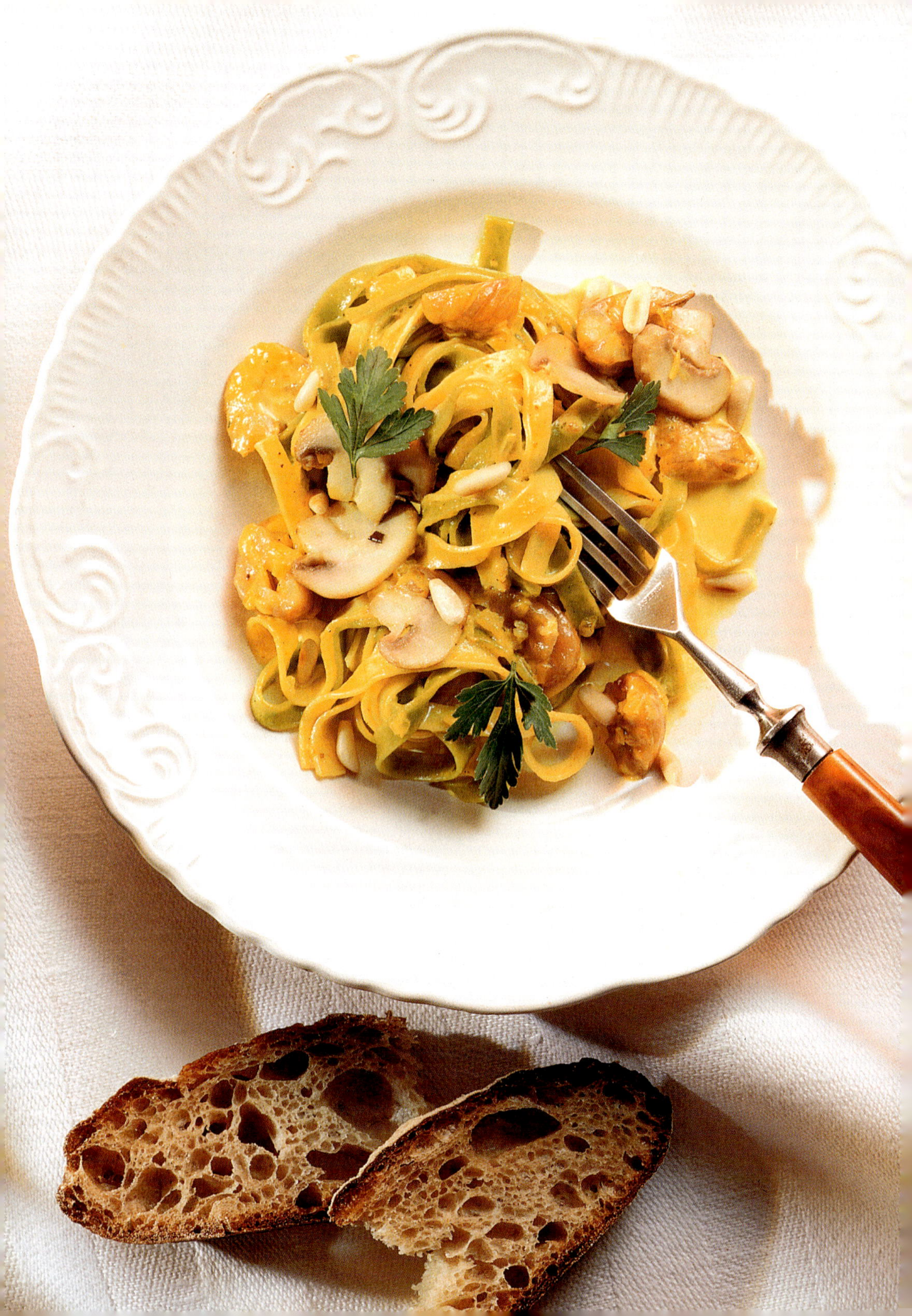

Tagliatelle
mit Kastanien und Curry

**250 g grüne Nudeln
(Tagliatelle)
1 TL Olivenöl extra nativ**

Sauce
**20 g Butter oder
2 EL Olivenöl extra nativ
1 mittelgroße Zwiebel
1 TL mittelscharfes
Currypulver
2,5 dl/250 ml Rahm/Sahne
120 g grob gehackte,
gekochte Kastanien,
Seite 22
Kräutermeersalz
frisch gemahlener Pfeffer**

**2 EL Pinienkerne
100 g Champignons
Basilikum oder Petersilie**

1
In einem großen Topf reichlich Salzwasser und ein Teelöffel Olivenöl aufkochen, Nudeln darin al dente kochen. Abgießen.

2
Die Pinienkerne in einer Bratpfanne trocken rösten, beiseite legen. Die Champignons putzen und blättrig schneiden, in der Nusspfanne in wenig Olivenöl braten, beiseite legen.

3
Für die Sauce die Zwiebel schälen und fein hacken, in der Butter oder im Olivenöl dünsten. Das Currypulver darüber streuen, den Rahm aufgießen, einige Minuten köcheln lassen. Die Kastanien dazugeben, erhitzen. Mit Salz und Pfeffer abschmecken.

4
Nudeln, Pinienkernen und Champignons zur Sauce geben, gut vermengen und erhitzen. Anrichten. Mit Basilikum oder Petersile garnieren.

HAUPTGERICHTE

Kastanienpuffer
mit Linsen und Steinpilzen

für 3–4 Personen
für zirka 12 Puffer

1 EL Olivenöl extra nativ
1 kleine Zwiebel
5 Salbeiblätter
1 Bund Petersilie
einige Rosmarinnadeln
100 g Steinpilze oder Champignons
30 g feine Speckstreifen nach Belieben
150 g gekochte Kastanien, Seite 22
80 g gekochte Linsen
2 Freilandeier
Kräutermeersalz
frisch gemahlener Pfeffer
Olivenöl extra nativ zum Braten

1
Die Kastanien mit der Gabel fein zerdrücken. Die Zwiebel schälen und fein hacken. Die Kräuter und die geputzten Pilze ebenfalls hacken.

2
Zwiebeln, Kräuter, Pilze und Speck im Olivenöl kurz dünsten. Abkühlen lassen. Kastanien, Linsen und Eier dazugeben, vermengen. Würzen.

3
In einer Bratpfanne wenig Olivenöl erhitzen. Die Kastanienmasse mit einem Esslöffel portionieren, die Klöße direkt in die Pfanne geben, von beiden Seiten kurz braten, total 5 Minuten.

Kastanien-Mais-Medaillons

100 g geschälte Kastanien,
Seite 20
4 dl/400 ml Gemüsebrühe
100 g feiner Maisgrieß
1 EL fein gehackte Petersilie
Kräutermeersalz
frisch gemahlener Pfeffer
Bratbutter/Butterschmalz

Tipp
Mit gedämpftem Lauch oder einem Gemüse nach Wahl servieren

1
Kastanien im Dampf etwa 12 Minuten garen, noch heiß hacken.

2
Gemüsebrühe aufkochen, Maisgrieß einrieseln lassen, bei schwacher Hitze unter gelegentlichem Rühren köcheln lassen. Wenn die Masse dick zu werden beginnt, gehackte Kastanien und gehackte Petersilie unterrühren, fest werden lassen. Mit Kräutersalz und Pfeffer abschmecken.

3
Maisbrei auf einem eingefetteten rechteckigen Blechrücken etwa 1 cm dick ausstreichen, auskühlen lassen. Mit einem gezackten, runden Ausstecher Rondellen oder beliebige Formen ausstechen.

4
Medaillons in einer nicht klebenden Bratpfanne in der Bratbutter beidseitig langsam braten.

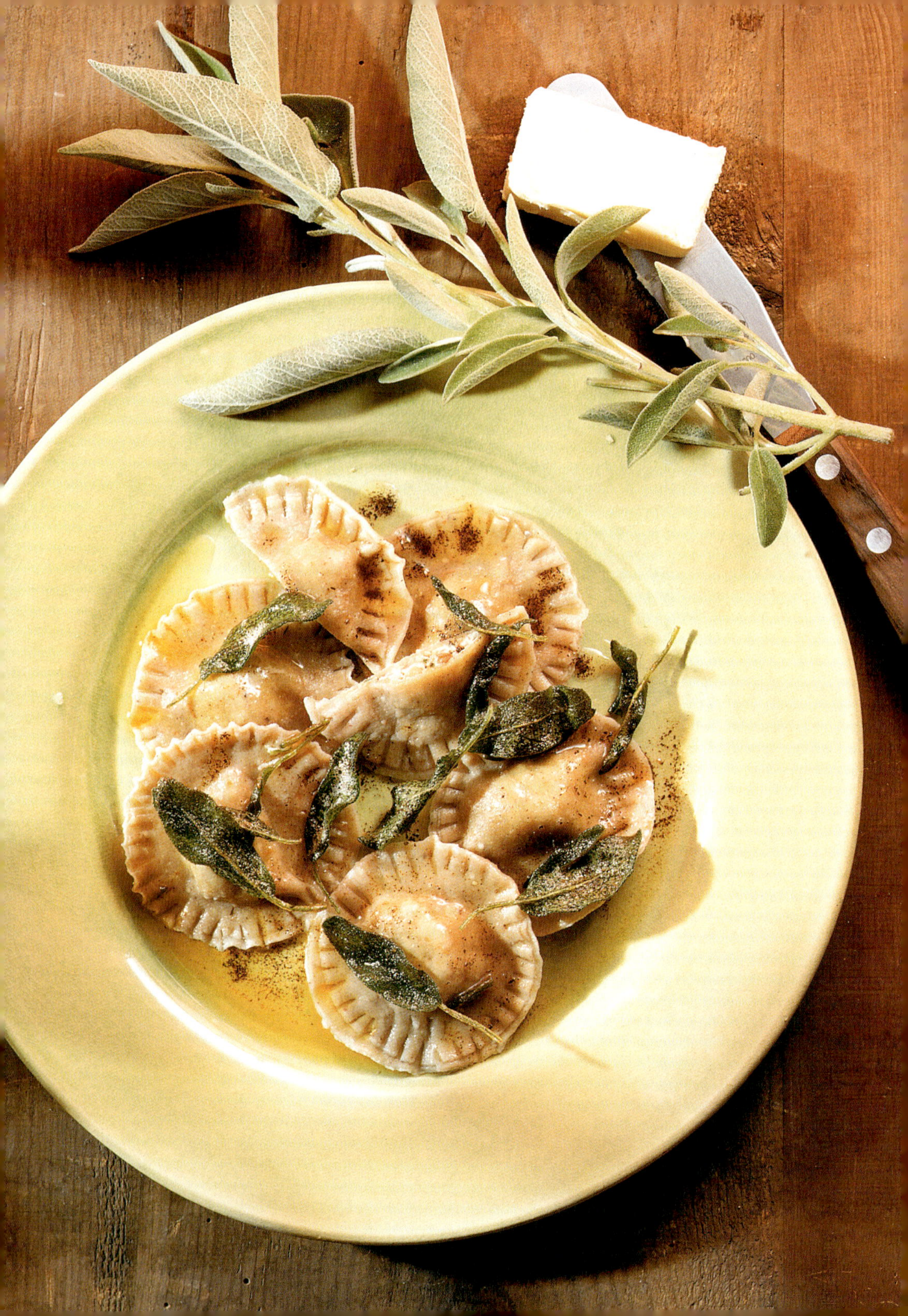

Kastanienravioli
mit Salbeibutter

für 35 bis 45 Ravioli

Ravioliteig
**150 g Dinkelruchmehl/
Mehltype 1050
100 g Kastanienmehl
(aus luftgetrockneten
Kastanien)
2 Freilandeier
1 TL Meersalz
1 EL Olivenöl extra nativ
evtl. wenig Wasser (2–3 EL)**

**1 Bund Salbei
50 g Butter**

Füllung
**30 g Speckwürfelchen oder
1 EL Olivenöl extra nativ
100 g gekochte Kastanien,
Seite 22
etwas abgeriebene Schale
einer unbehandelten Zitrone
reichlich fein gehackte
Kräuter wie Salbei,
Rosmarin, Thymian,
Basilikum
2 Knoblauchzehen
100 g Ricotta
40 g Ziegenfrischkäse
3 EL Olivenöl extra nativ
Meersalz
frisch gemahlener Pfeffer**

1
Für den Ravioliteig Mehle, Eier, Salz und Öl in einer Schüssel verrühren. So viel Wasser dazugeben, dass ein glatter Teig entsteht. Den Teig in Klarsichtfolie einwickeln, bei Zimmertemperatur mindestens 30 Minuten ruhen lassen.
2
Den Ravioliteig auf bemehlter Arbeitsfläche dünn ausrollen. Rondellen von 5,5 bis 8 cm Durchmesser ausstechen. 30 Minuten trocknen lassen.
3
Die Kastanien und die Kräuter fein hacken. Die Knoblauchzehen schälen. Die Speckwürfelchen in einer Bratpfanne auslassen oder das Olivenöl erhitzen, Kastanien, Kräuter und durchgepresste Knoblauchzehen zugeben, kurz dünsten. Abkühlen lassen. Ricotta, Ziegenfrischkäse und Olivenöl mit den Kastanien vermengen. Würzen.
4
Die Kastanienmasse in die Mitte der Hälfte der Teigrondellen verteilen, mit einer zweiten Rondelle decken, den Rand mit einer Gabel gut andrücken.
5
Ravioli in reichlich Salzwasser al dente kochen, 4 bis 5 Minuten.
6
Salbeiblätter von den Stielen zupfen, in der Butter kurz braten. Ravioli mit einem Schaumlöffel aus dem Wasser nehmen und in der Butter schwenken.

Tipps
Die Ravioli können roh und gekocht 2 bis 3 Tage im Kühlschrank aufbewahrt werden. Die restliche Füllung als Brotaufstrich verwenden.

Kastanien-Kürbis-Curry
mit Nudeln

250 g Nudeln
2 EL Olivenöl extra nativ
1 Zwiebel
1 Knoblauchzehe
700 g Kürbis, z. B. Muscade de Provence
300 g geschälte Kastanien, Seite 20
4 EL Sultaninen
1 TL mildes Currypulver
$^1/_2$ TL scharfes Currypulver
1 TL getrockneter Thymian
1 Prise Kurkuma/Gelbwurz
1 Prise geriebene Muskatnuss
1 Prise Paprikapulver
$^1/_2$ dl/50 ml Weißwein
2 dl/200 ml Gemüsebrühe
Meersalz

1
Die Zwiebel schälen und in feine Scheiben schneiden, die Knoblauchzehe schälen und fein hacken. Den Kürbis schälen und in kleine Stücke schneiden.

2
Die Zwiebeln und den Knoblauch im Olivenöl andünsten. Kürbis, Kastanien und Sultaninen kurz mitdünsten. Die Gewürze darüber streuen. Den Weißwein und die Gemüsebrühe angießen, bei schwacher Hitze köcheln, bis der Kürbis und die Kastanien weich sind.

3
Nudeln in reichlich Salzwasser al dente kochen. Abgießen.

4
Die Nudeln mit dem Kastanien-Kürbis-Gemüse vermengen.

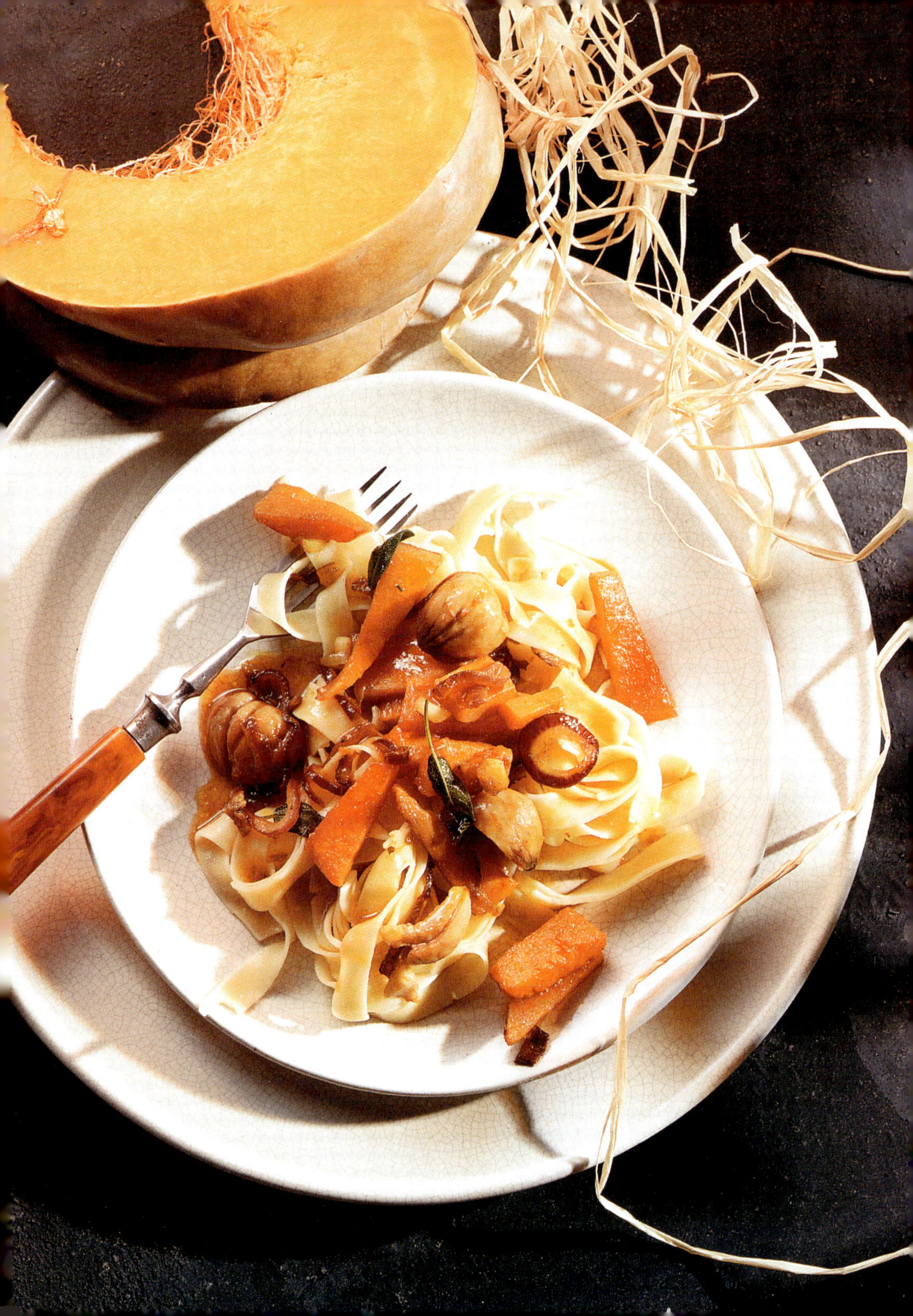

Kastanien-Gemüse-Terrine

für eine kleine Terrinenform

200 g geschälte Kastanien, Seite 20
50 g Brokkoliröschen
50 g Rüebliwürfelchen
50 g rote Peperoniwürfelchen
2 Freilandeier
125 g Vollmilchquark
50 g altbackenes Ruch- oder Vollkornbrot, fein gerieben
1 Bund Petersilie
etwas frischer Thymian
Kräutermeersalz
frisch gemahlener Pfeffer
Paprikapulver
Reibkäse nach Belieben

Tipp
Wer keine Terrinenform hat, kann die Masse auch in eingebutterte Portionenförmchen füllen und im Wasserbad bei 180 °C rund 30 Minuten pochieren. Mit Salat, Gemüse und einer pikanten Sauce servieren

1
Die Kastanien im Dampf weich garen, mit einer Gabel fein zerdrücken.
2
Den Backofen auf 180 °C vorheizen.
3
Das Gemüse im Dampf knackig garen.
4
Kastanien, Gemüse, Eier, Quark und geriebenes Brot gut miteinander vermengen. Die Kräuter fein hacken und unterrühren. Würzen. In eine eingefettete Terrinenform füllen und glatt streichen.
5
Die Terrine in einen Bräter oder in ein anderes passendes Geschirr stellen. Bis auf drei Viertel Höhe mit Wasser füllen. Im Backofen bei 180 °C 60 Minuten pochieren. Nadelprobe machen. Nach Belieben Käse darüber streuen und diesen bei 220 °C schmelzen lassen. Warm oder kalt servieren.

Schweinsfilet im
Kastanien-Blätterteig-Mantel

1 EL Butter
1 große Zwiebel
100 g Champignons
je 2 TL fein gehackte Petersilie, Thymian, Majoran, oder je $^1/_2$ TL getrocknete Kräuter
200 g gekochte Kastanien, Seite 22
40 g weiche Butter
1 EL Sojasauce
Meersalz
frisch gemahlener Pfeffer
600 g Schweinsfilet
2 EL Olivenöl extra nativ
250 g Blätterteig
grüne Blätter, z. B. Spinat, Mangold, Lattich, zum Einpacken des Filets

1 Eigelb zum Einpinseln

1
Zwiebel schälen, fein hacken. Champignons putzen und grob hacken. Zwiebeln und Pilze in der Butter andünsten, die Kräuter beigeben und mitdünsten. Abkühlen lassen.

2
Die Kastanien mit einer Gabel fein zerdrücken, Zwiebel-Pilz-Gemisch und die Butter zugeben und gut vermengen. Würzen mit Sojasauce, Salz und Pfeffer.

3
Die Blätter in kochendem Wasser blanchieren, unter kaltem Wasser abschrecken.

4
Das Filet mit Salz und Pfeffer würzen, im Olivenöl rundum anbraten. Abkühlen lassen.

5
Den Backofen auf 200 °C vorheizen.

6
Blattgemüse auf der Arbeitsfläche überlappend ausbreiten, ein wenig Kastanienmasse dort ausstreichen, wo das Filet zu liegen kommt. Das Filet darauf legen, mit der restlichen Masse einstreichen. In die Blätter einhüllen.

7
Den Blätterteig 2 mm dick und rechteckig ausrollen, das Filet damit einpacken, das Teigende soll unten zu liegen kommen. Mit Teigresten verzieren und mit dem mit ein wenig Wasser verquirlten Eigelb bestreichen. In das Backblech legen. Den Teig mit einer Gabel einige Male einstechen, damit der Dampf entweichen kann.

8
Filet im Backofen bei 200 °C 30 bis 40 Minuten backen.

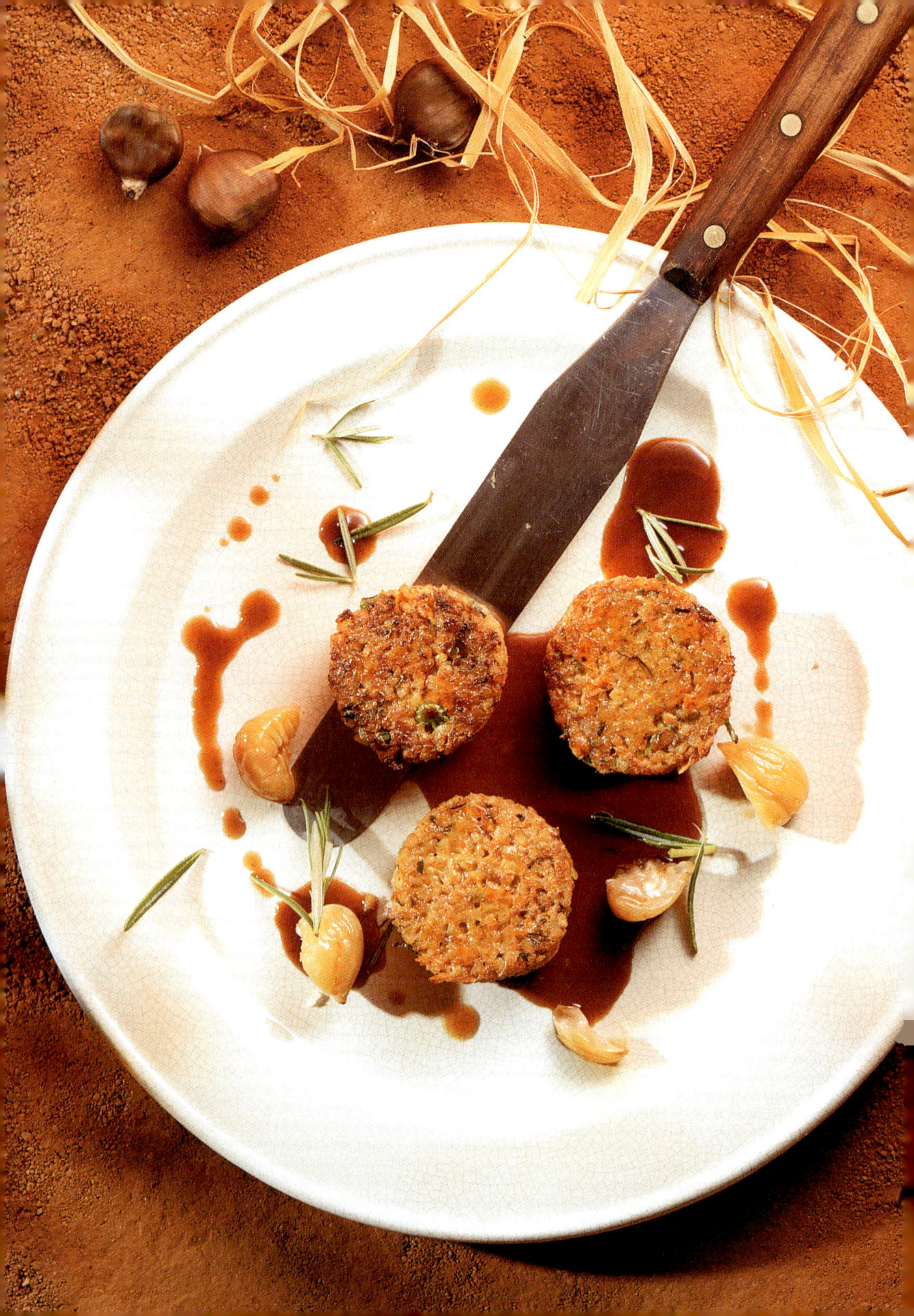

Kastanien-Bulgur-Burger
auf Rosmarinsauce

125 g Bulgur
2,5 dl/250 ml Gemüsebrühe
1 EL Olivenöl extra nativ
1 Zwiebel
100 g Karotten
100 g frische oder tiefgekühlte grüne Erbsen
2 EL gehackte Petersilie
1 TL gehacktes Bohnenkraut
wenig Gemüsebrühe
150 g gekochte Kastanien, Seite 22
2 Freilandeier
2 EL geriebener Käse
1 gehäufter EL Vollkornmehl
Meersalz
frisch gemahlener Pfeffer
Olivenöl extra nativ

Rosmarinsauce
1 EL Olivenöl extra nativ
1 kleine Zwiebel
1 Zweig Rosmarin
2–3 EL Sojasauce
1 TL Tomatenmark, nach Belieben
1,5 dl/150 ml Rotwein
2 dl/200 ml Gemüsebrühe
1 TL Pfeilwurzelmehl

1
Bulgur mit der Gemüsebrühe aufkochen und bei schwacher Hitze 10 Minuten köcheln lassen, auf der ausgeschalteten Wärmequelle zugedeckt 20 Minuten ausquellen lassen.
2
Die Zwiebel schälen und fein hacken. Die Karotten putzen und klein würfeln. Zwiebeln, Karotten und Erbsen im Olivenöl andünsten, die Kräuter und die Kastanien zufügen und mitdünsten, ein wenig Gemüsebrühe angießen, bei schwacher Hitze weich garen. Das Ganze mit einer Gabel fein zerdrücken.
3
Eier, geriebenen Käse und Mehl mit der Gemüse-Kastanien-Masse vermengen. Mit Salz und Pfeffer abschmecken.
4
Für die Sauce die Zwiebel schälen, fein hacken. Die Rosmarinnadeln abstreifen und ebenfalls fein hacken. Die Zwiebeln im Olivenöl andünsten, Rosmarin zugeben und mitdünsten. Sojasauce, Tomatenmark und Rotwein zugeben und bei schwacher Hitze auf die Hälfte einköcheln lassen. Mit der Gemüsebrühe auf die gewünschte Saucenmenge ergänzen, mit dem angerührten Pfeilwurzelmehl binden, 5 Minuten köcheln lassen. Die Sauce durch ein Sieb passieren.
5
In einer nicht klebenden Bratpfanne ein wenig Olivenöl erhitzen. Aus der Masse Bratlinge formen, bei mittlerer Hitze beidseitig braten.

Varianten
Rosmarin durch Thymian oder Majoran ersetzen. Die Burgermasse in eine Cakeform füllen, im Backofen bei 200 °C 30 Minuten backen. Noch heiß stürzen und in Scheiben schneiden.

Caillettes traditionnelles ardéchoises
Adrio mit Kastanien

für 10 Adrio

2 EL Olivenöl extra nativ
1 große Zwiebel
250 g Schweinefleisch
250 g Schweineleber
500 g gekochte Kastanien, Seite 22
1 TL fein gehackter Thymian oder
2 Msp getrockneter Thymian
Meersalz
frisch gemahlener Pfeffer

10 Schweinenetze,
20 x 20 cm
Salbeiblätter

1
Die Zwiebel schälen und fein hacken. Das Fleisch und die Leber durch den Fleischwolf drehen (5-mm-Lochscheibe) oder beim Metzger hacken lassen. Die Kastanien grob hacken.

2
Die Zwiebeln im Olivenöl andünsten, das Fleisch und die Leber zugeben und bei starker Hitze unter Rühren kräftig anbraten. Die Kastanien und die Kräuter unterrühren, mit Salz und Pfeffer würzen.

3
Den Backofen auf 220 °C vorheizen.

4
1–2 Salbeiblätter auf jedes Schweinenetz legen. Aus der Fleisch-Kastanien-Masse 10 Kugeln formen, auf die Blätter legen, die Kugeln mit dem Netz einpacken, mit den Blättern nach oben in eine eingefettete Gratinform verteilen. Wenig Gemüsebrühe dazugießen.

5
Die Adrio im Backofen bei 220 °C etwa 40 Minuten braten.

Caillettes traditionnelles ardéchoises
In der Ardèche werden die Fleisch-Kastanien-Kugeln mit einer Tomatensauce als Vorspeise oder mit gedämpften Tomaten und Bratkartoffeln als Mahlzeit serviert.

Zucchini
mit Kastanien-Pilz-Füllung

4 mittelgroße Zucchini
2 EL Olivenöl extra nativ
1 kleine Zwiebel
1 Knoblauchzehe
200 g Champignons
300 g gekochte Kastanien, Seite 22
fein gehackte Petersilie
1 TL getrocknete Provencekräuter
Kräutermeersalz
frisch gemahlener Pfeffer
Paprikapulver
geriebene Muskatnuss

Tipp
Mit Reis oder im Dampf gegarten Kartoffeln servieren

1
Die Zucchini samt Schale längs halbieren und mit einem Esslöffel aushöhlen. Das Fleisch fein hacken.
2
Die Zwiebel und die Knoblauchzehe schälen und fein hacken. Die Champignons putzen und fein hacken. Die Kastanien klein hacken.
3
Den Backofen auf 200 °C vorheizen.
4
Zwiebeln, Knoblauch, Zucchinifleisch sowie Pilze im Olivenöl andünsten. Frische Kräuter, Provencekräuter und Kastanien zugeben und 2 Minuten mitdünsten. Würzen. In die Zucchinihälften füllen.
5
Die gefüllten Zucchini im Backofen bei 200 °C 10 bis 15 Minuten backen.

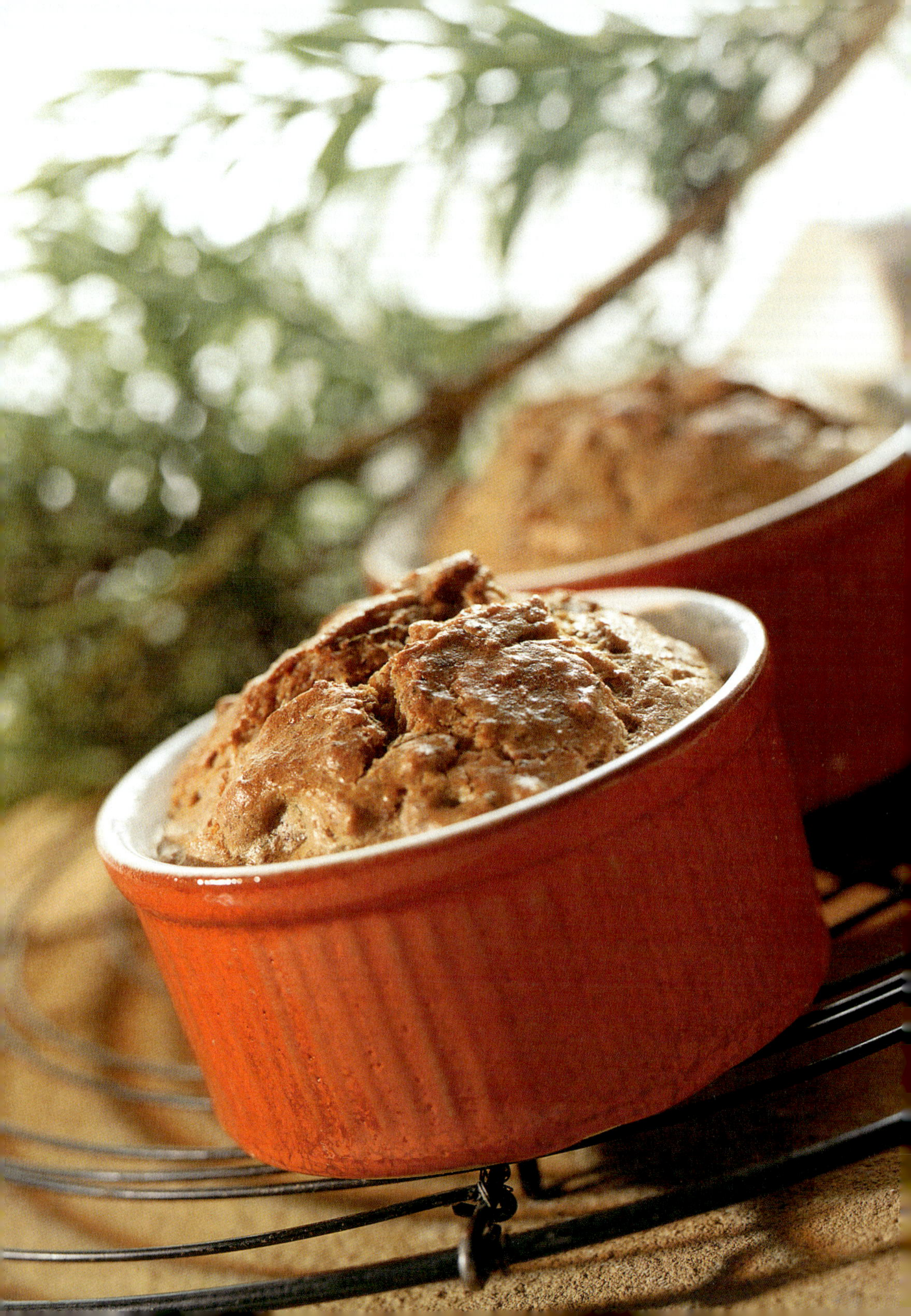

Kastaniensoufflé
mit Zwiebeln und Rosmarin

für 4–6 Souffléförmchen

1 EL Olivenöl extra nativ
1 mittelgroße Zwiebel
1 Zweiglein Rosmarin
250 g gekochte Kastanien,
Seite 22
100 g Butter
3 Freilandeier
2 EL geriebener Gruyère
Meersalz
frisch gemahlener Pfeffer
abgeriebene Schale einer
unbehandelten Zitrone
Butter für die Förmchen

Tipp
Mit einer Pilzsauce
servieren

1
Die Zwiebel schälen, fein hacken. Rosmarinnadeln abstreifen und fein hacken. Die Kastanien in der Moulinette fein pürieren oder durch ein Passevite drehen.

2
Die Zwiebeln mit dem Rosmarin im Olivenöl kurz andünsten, das Kastanienpüree zugeben, alles gut vermengen.

3
Den Backofen auf 180 °C vorheizen. Die Souffléförmchen gut einbuttern.

4
Die Eier trennen. Eigelbe mit der Butter luftig aufschlagen. Die Kastanienmasse und den Käse unterrühren. Mit Salz, Pfeffer und Zitronenschale würzen.

5
Das Eiweiß zu steifem Schnee schlagen, unter die Kastanienmasse heben. In die eingebutterten Förmchen füllen.

6
Die Förmchen in einen Bräter oder in eine große Gratinform stellen. Bis auf zwei Drittel Förmchenhöhe mit kaltem Wasser füllen. Soufflé im Ofen bei 180 °C auf mittlerem Einschub 45 Minuten pochieren. Nadelprobe machen.

Kastanienbraten
mit Pilzen und Nüssen

für eine Cakeform
von 20 cm Länge

2 EL Olivenöl extra nativ
1 kleine Zwiebel
1 Knoblauchzehe
150 g Pilze, z. B. Steinpilze, Eierschwämmchen, Champignons
2–3 EL fein gehackte frische Kräuter, z. B. Rosmarin, Thymian, Majoran, Salbei, Petersilie
150 g gekochte Kastanien, Seite 22
2 Freilandeier
1 dl/100 ml Rahm/Sahne
150 g geriebene Baumnüsse
75 g Vollkornbrotbrösel
Kräutermeersalz
1 EL Sojasauce
1 TL Gemüsebrühepulver
frisch gemahlener Pfeffer

1
Die Zwiebel und die Knoblauchzehe schälen und fein hacken. Die Pilze putzen und von Hand oder in der Moulinette fein hacken. Kastanien in der Moulinette fein pürieren oder durch ein Passevite drehen.

2
Zwiebeln, Knoblauch sowie Pilze im Olivenöl bei starker Hitze 3 Minuten dünsten. Kräuter kurz mitdünsten. Die Kastanien unterrühren. Gut auskühlen lassen.

3
Den Backofen auf 200 °C vorheizen.

4
Eier, Rahm, Nüsse und Vollkornbrotbrösel mit der Kastanienmasse vermengen. Kräftig würzen, in die eingefettete Form füllen, glatt streichen.

5
Den Kastanienbraten im Backofen bei 200 °C rund 30 Minuten backen. Nadelprobe machen. Vor dem Anschneiden 10 Minuten ruhen lassen.

Serviervorschlag
Mit im Dampf gegartem Wirz und einer Safransauce servieren. Für die Safransauce 1 TL Butter schmelzen, 1 Msp Safranpulver und 10 Safranfäden beifügen, 2 dl Gemüsebrühe und 1 dl Rahm dazugeben. Die Sauce bei schwacher Hitze 5 Minuten köcheln lassen. Mit 20 g Mehlbutter (gleiche Menge Butter und Mehl zusammenfügen) binden, die man mit dem Schneebesen stückchenweise unter die Sauce rührt. Nochmals kurz köcheln lassen.

Variante
Den Kastanienbraten erkalten lassen und als Antipasto mit in Öl eingelegten Oliven auf Salat servieren.

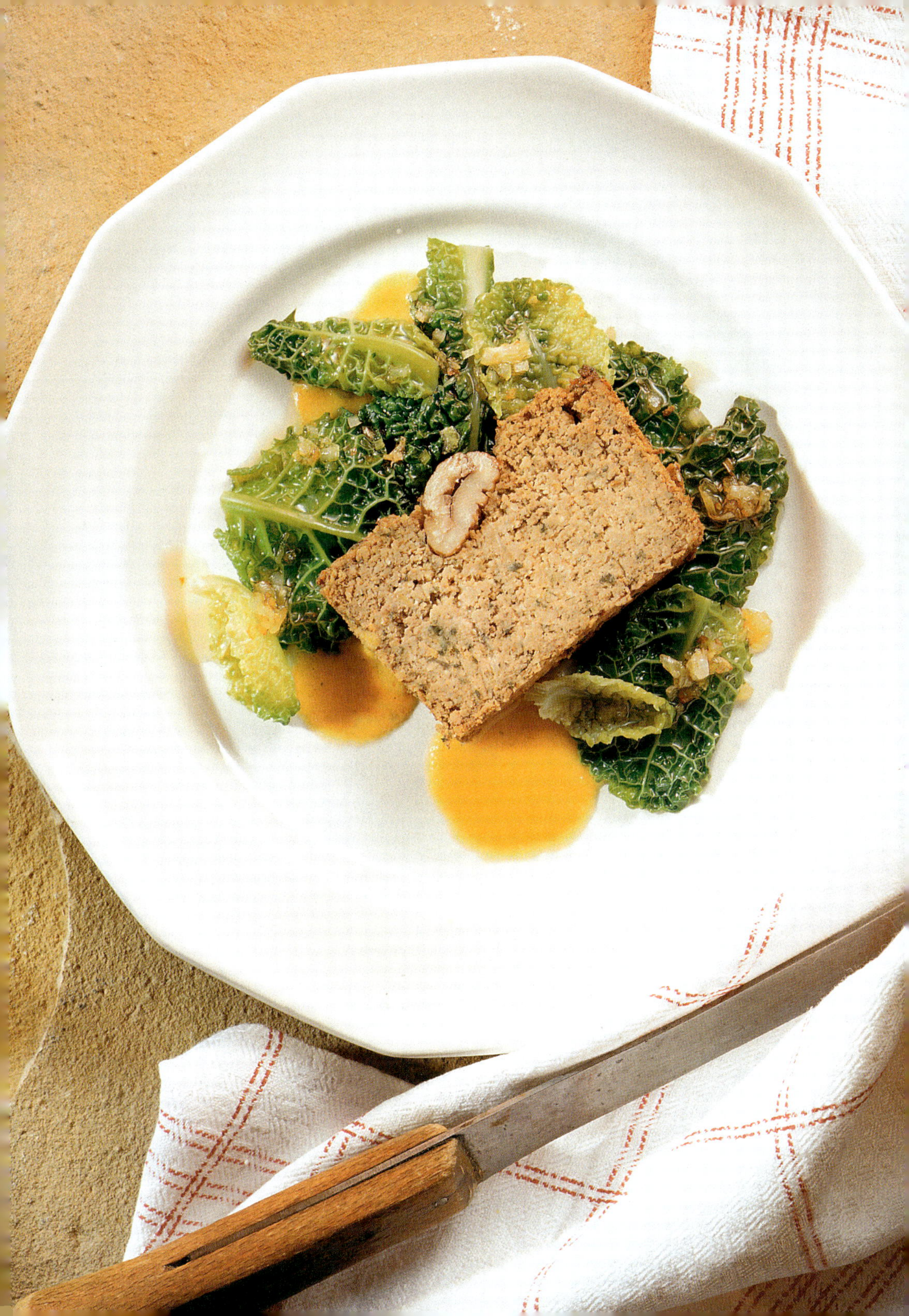

Hausgemachte Kastaniennudeln
mit Kräuterrahmsauce

Nudeln
200 g Dinkel- oder Weizen-
vollkornmehl
200 g Kastanienmehl
(aus luftgetrockneten
Kastanien)
4–5 Freilandeier, je nach
Größe
1 TL Vollmeersalz
1 EL Olivenöl extra nativ

Kräuterrahmsauce
1 EL Butter
2 kleine Zwiebeln
1 Zweiglein Rosmarin
4 Salbeiblätter
1 TL fein gehackter Majoran
2 dl/200 ml Gemüsebrühe
1 EL Pfeilwurzelmehl
2 dl/200 ml Rahm/Sahne
frisch gemahlener Pfeffer
Kräutermeersalz

1
Für den Nudelteig alle Zutaten in eine Schüssel geben und zu einem geschmeidigen Teig verarbeiten. In Klarsichtfolie einwickeln und bei Zimmertemperatur 1 bis 2 Stunden ruhen lassen.
2
Den Teig auf bemehlter Arbeitsfläche sehr dünn ausrollen, 30 Minuten trocknen lassen. In die gewünschte Nudelform schneiden.
3
Für die Kräutersauce die Zwiebeln schälen und fein hacken. Die Rosmarinnadeln vom Zweiglein streifen, fein hacken. Die Salbeiblätter in Streifchen schneiden. Zwiebeln und Kräuter in der Butter andünsten. Das Pfeilwurzelmehl mit wenig Gemüsebrühe anrühren, zusammen mit der Gemüsebrühe und dem Rahm in die Pfanne geben, unter Rühren aufkochen, bei schwacher Hitze köcheln lassen, bis die Sauce die gewünschte Konsistenz hat, ab und zu rühren. Mit Pfeffer und Kräutersalz würzen. Nach Belieben pürieren.
4
Die Nudeln in kochendem Salzwasser al dente kochen, rund 5 Minuten, abgießen und mit der Kräuterrahmsauce vermengen.

Nudelmaschine
Mit einer Nudelmaschine ist die Teigverarbeitung einfacher; es gibt im Handel preiswerte Modelle.

Nudelteig
Dieser Grundteig eignet sich für Lasgane, Ravioli und andere Nudelspezialitäten. Rohe Nudeln können im Kühlschrank 2 bis 3 Tage aufbewahrt werden.

Tourte aux truites et aux marrons
Pikanter Fisch-Kastanien-Kuchen

für ein hohes Blech
von 24 cm Durchmesser

300 g Blätterteig

40 g Butter
2 kleine Zwiebeln
100 g Champignons
4 Forellenfilets, ca. 300 g
150 g grob gehackte,
gekochte Kastanien,
Seite 22

Guss
2 große Freilandeier
100 g Crème fraîche
Meersalz
frisch gemahlener Pfeffer
1 Bund Schnittlauch

1
Den Backofen auf 210 °C vorheizen.
2
Den Blätterteig 2 bis 3 mm dick ausrollen, in das Blech legen. Den Teig mit einer Gabel einige Male einstechen. Den Blätterteigboden im Backofen bei 210 °C auf mittlerem Einschub rund 10 Minuten blind backen.
3
Die Zwiebeln schälen und fein hacken. Die Pilze putzen und blättrig schneiden. Zwiebeln und Pilze in der Butter kräftig dünsten, bis die Flüssigkeit fast vollständig verdampft ist. Abkühlen lassen.
4
Für den Guss Eier und Crème fraîche verrühren, würzen, fein geschnittenen Schnittlauch zugeben.
5
Die Haut der Forellenfilets abziehen, die Filets mit Salz und Pfeffer würzen und auf den Teigboden legen. Die Pilze und die Kastanien darauf verteilen. Den Guss darüber gießen.
6
Den Blätterteigkuchen im Backofen bei 210 °C auf mittlerem Einschub 30 Minuten backen.

DESSERTS

Birne mit Kastanienmousse

für 6 bis 8 Personen

3–4 große, reife Williams-Birnen

**150 g Mascarpone
200 g gesüßtes Bio-Kastanienpüree
100 g dunkle Schokolade
1 EL Kastanienlikör nach Belieben
1 Prise Vanillepulver
2,5 dl/250 ml Rahm/Sahne**

Schokoladenspäne

**Tipp
Die Mousse kann auch tiefgekühlt werden**

1
Die Schokolade grob zerbrechen, in der Moulinette oder im Mixerglas fein hacken. Den Rahm steif schlagen.

2
Mascarpone, Kastanienpüree, Likör und Vanillepulver miteinander verrühren. Die Schokolade und den Rahm unterrühren. Die Mousse mindestens 2 Stunden kühl stellen.

3
Die Birnen schälen, halbieren und das Kerngehäuse ausstechen, die Fruchthälften im Dampf nicht zu weich garen. Abkühlen lassen.

4
Birnenhälften auf Tellern anrichten. Von der Mousse mit einem Eisportionierer (immer wieder in heißes Wasser tauchen) Kugeln abstechen, auf den Birnenhälften anrichten. Mit den Schokoladenspänen garnieren.

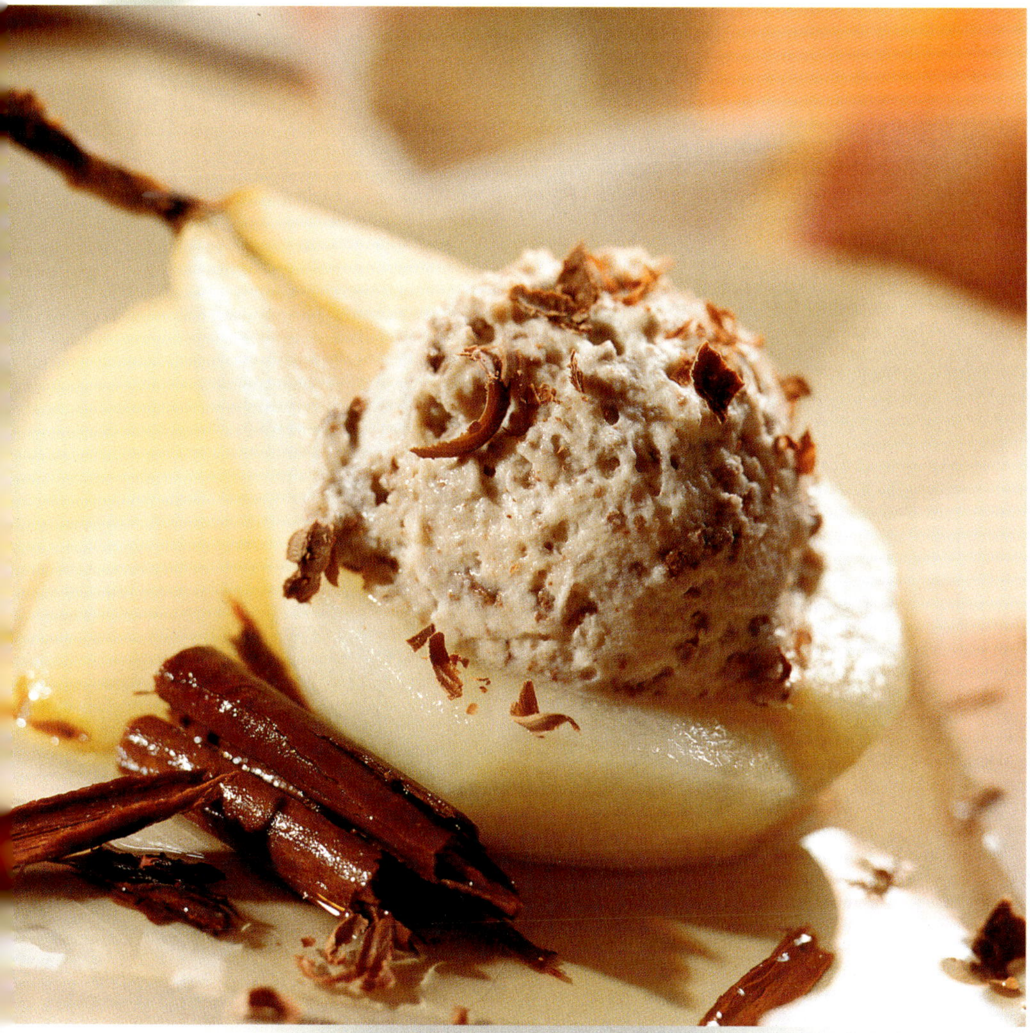

Kastanienpüree (Vermicelles) –
Grundrezept

**geschälte Kastanien,
Seite 20
Milch
feiner Vollrohrzucker
(Syramena)
Vanillepulver**

1
Die Kastanien im Dampf oder in wenig Wasser sehr weich garen, das Wasser abgießen.
2
Vorgekochte Kastanien zusammen mit Milch (die Früchte sollen bedeckt sein) bei schwacher Hitze unter zeitweiligem Rühren so lange kochen, bis die Früchte zerfallen. Vorsicht: die Kastanien brennen rasch an! Restliche Milch abgießen. Den Zucker und das Vanillepulver zugeben, pürieren. Das Püree abkühlen lassen.

Zum Rezept
Dieses Püree ist im Gegensatz zu einem gekauften nur kurze Zeit haltbar, weil es Milch enthält. Da die Herstellung einer Vermicellemasse sehr arbeitsintensiv ist, empfehle ich, ein Fertigprodukt in Bio-Qualität zu verwenden.

Zweifarbiges
Kastanienmousse

für 6 bis 8 Personen

100 g dunkle Schokolade
1–2 EL Wasser
400 g ungezuckertes
Kastanienpüree
200 g Puderzucker aus
Vollrohrzucker (Reformhaus)
100 g weiche Butter
100 g Crème fraîche
100 g geriebene Mandeln
1 EL Kirsch

1
Die Schokolade zerbröckeln, zusammen mit 1 bis 2 Esslöffeln Wasser in ein kleines Gefäß geben, über dem heißen Wasserbad unter Rühren schmelzen.

2
Geschmolzene Schokolade, Kastanienpüree, die Hälfte des Puderzuckers (100 g) und weiche Butter in einer nicht zu kleinen Schüssel glatt rühren. 15 Minuten kühl stellen.

3
Crème fraîche, Mandeln sowie restlichen Puderzucker glatt rühren. Unter ständigem Rühren langsam den Kirsch dazugeben. Die Masse darf nicht dünnflüssig werden!

4
Mandel- zur Kastanienmasse geben, mit einem Spatel einige Male kreuzweise durchziehen, ohne die beiden Massen vollständig zu vermischen (Marmormuster). Creme etwas zusammendrücken und glatt streichen. 12 Stunden kühl stellen.

5
Aus der Mousse mit einem Esslöffel Klößchen abstechen, auf Tellern anrichten. Den Löffel immer wieder in kaltes Wasser tauchen. Mit Früchten garnieren.

Marroni-Schoko-Traum
mit Orangenfilets

100 g dunkle Schokolade
1–2 Esslöffel Wasser
300 g Vollmilchquark
200 g gesüßtes
Bio-Kastanienpüree
abgeriebene Schale einer
unbehandelten Orange

unbehandelte
Blondorangen

Tipp
Bei Verwendung von
ungesüßtem Püree
die Creme mit Kastanien-
honig süßen (etwa 2 EL).
Ergibt eine sehr aroma-
tische Creme.

1
Die Schokolade zerbröckeln, mit dem Wasser in ein kleines Gefäß geben, über dem kochenden Wasser unter ständigem Rühren schmelzen.

2
Flüssige Schokolade, Quark und Kastanienpüree miteinander glatt rühren. Orangenschalen unterrühren.

3
Die Creme in Dessertschalen oder -gläser füllen. 30 Minuten kühl stellen.

4
Die Orangen samt Schale in dünne Fruchtfilets schneiden, entkernen.

5
Die Creme mit den Fruchtfilets garnieren.

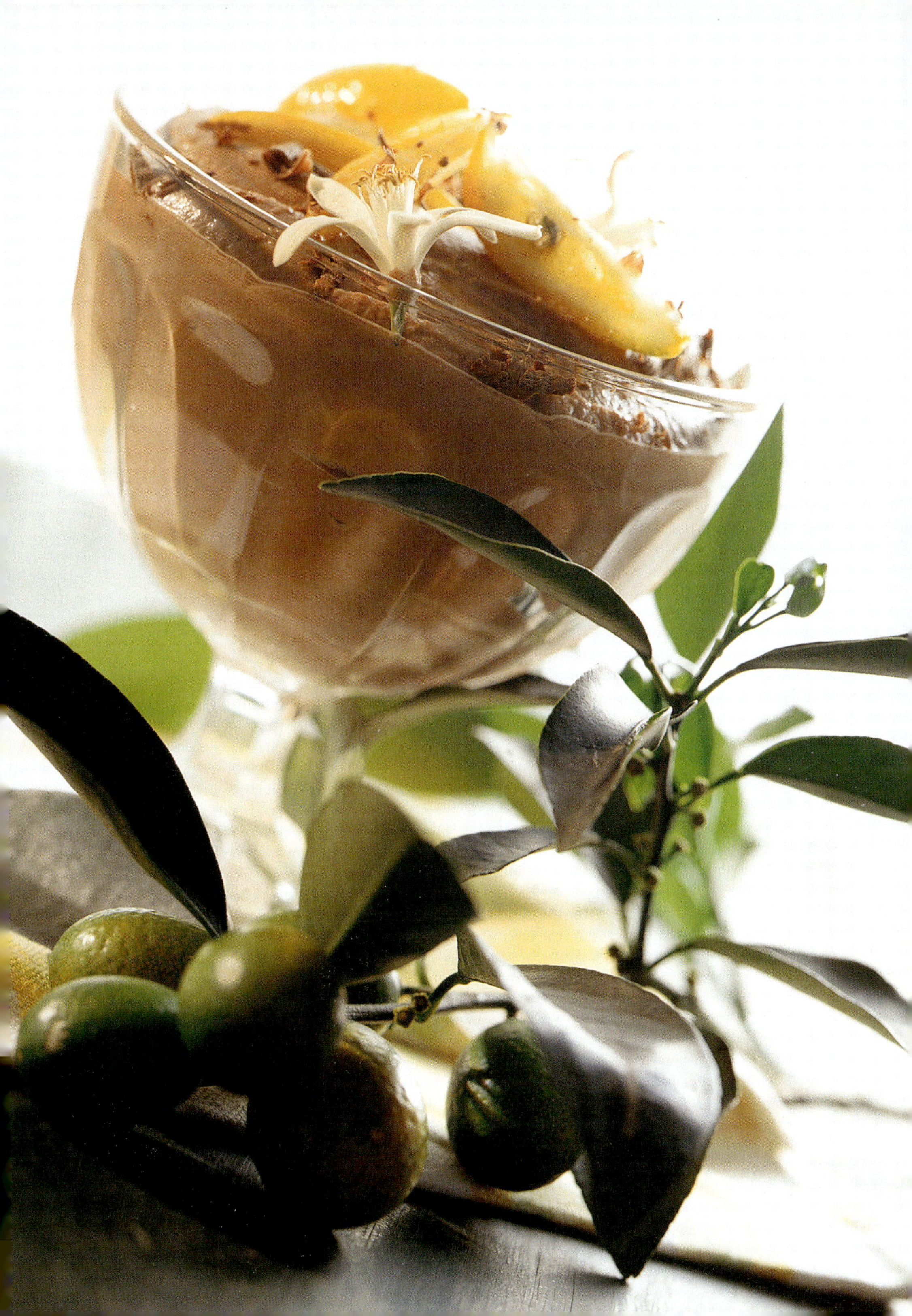

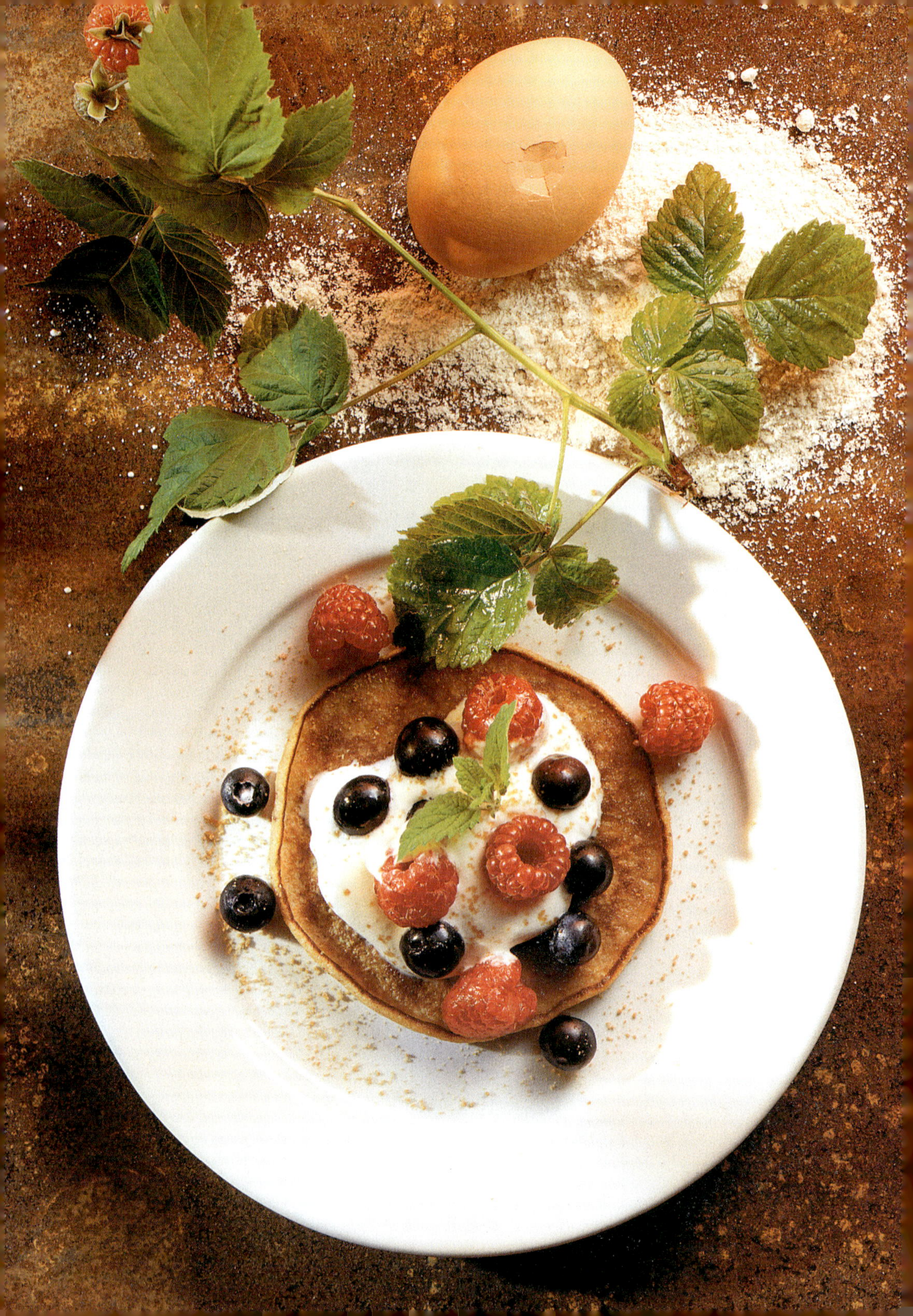

Kastanienblinis
mit Beeren

für ca. 12 Blinis

100 g Kastanienmehl (aus luftgetrockneten Kastanien)
2 Freilandeier
1 EL Vollrohrzucker
1 Prise Meersalz
1,25 dl/125 ml Milch
2 EL flüssige Butter
1 TL phosphatfreies Backpulver
Bratbutter

2 dl/200 ml Rahm/Sahne
300–400 g Beeren
Vollrohrzucker oder Ahornsirup

1
Sämtliche Zutaten für die Blinis in eine Schüssel geben und glatt rühren. 30 Minuten quellen lassen.

2
In einer nicht klebenden Bratpfanne wenig Bratbutter zerlassen, für jedes Blini einen Schöpflöffel Teig in die Pfanne geben und beidseitig backen, je 2 bis 3 Minuten. Warm stellen. Immer wieder wenig Bratbutter in die Pfanne geben.

3
Den Rahm steif schlagen.

4
Die Blinis auf Teller legen. Den Rahm und die Beeren darauf verteilen. Mit wenig Vollrohrzucker bestreuen oder wenig Ahornsirup darüber träufeln. Nach Belieben mit Zitronenmelisse garnieren.

Ananassalat
mit Kastanienkrokant

1 reife Ananas
3–4 EL Kastanienlikör oder Amaretto
1 TL Vanillepulver

Krokant
120 g geschälte Kastanien, Seite 20
1 EL Kokosnussflocken
2 EL Vollrohrzucker
2 EL flüssige Butter
1 Prise Ingwerpulver

1,5 dl150 ml Rahm/Sahne
1 Prise Vanillepulver
Pfefferminz- oder Melisseblättchen für die Garnitur

1
Der Ananas oben und unten einen Deckel wegschneiden. Die Frucht schälen, indem man am Fruchtfleisch entlang schneidet. Die Noppen spiral- und keilförmig ringsum herausschneiden. Die Ananas in Scheiben schneiden, den Mittelstrunk ausstechen. Ananasscheiben würfeln. Mit dem Kastanienlikör und dem Vanillepulver marinieren.

2
Den Backofen auf 220 °C vorheizen.

3
Die Kastanien im Dampf etwa 10 Minuten garen. Auskühlen lassen und grob hacken.

4
Zerkleinerte Kastanien, Kokosnussflocken, Zucker, Butter und Ingwer mischen. Die Masse in einer Gratinform im Ofen während 10 Minuten bei 220 °C zu knusprigem Krokant backen. Erkalten lassen, dann zerstossen.

5
Den Rahm zusammen mit dem Vanillepulver steif schlagen.

6
Den Ananassalat in Dessertgläser oder -schalen füllen. Krokant darüber streuen. Mit dem Rahm und den Pfefferminzblättchen garnieren.

Kastanienpancakes
mit Erdbeer-Kumquat-Salat

für 8 bis 10 Pancakes

100 g Kastanienmehl (aus luftgetrockneten Kastanien)
1 TL phosphatfreies Backpulver
1 Freilandei
1 EL Vollrohrzucker oder flüssiger Honig
0,75 dl/75 ml Milch
1 Prise Meersalz
1 EL flüssige Butter
Olivenöl extra nativ zum Backen

Erdbeer-Kumquat-Salat
1 EL Ahornsirup
etwas abgeriebene Schale einer unbehandelten Zitrone und Orange
300 g Erdbeeren
100 g Kumquats
einige Blätter Zitronenverveine

1
Für den Teig sämtliche Zutaten in eine Schüssel geben und glatt rühren. 30 Minuten quellen lassen.

2
Ahornsirup und Zitronenschale verrühren. Die Erdbeeren je nach Größe halbieren oder vierteln. Die Kumquats beidseitig kappen, samt Schale in feine Scheiben schneiden. Die Früchte mit der Marinade vermengen, 30 Minuten marinieren.

3
In einer nicht klebenden Bratpfanne ein wenig Öl erhitzen. Teig esslöffelweise in die Bratpfanne geben, die Pancakes beidseitig rund 2 Minuten backen.

4
Pancakes zusammen mit dem Fruchtsalat auf Tellern anrichten. Mit Zitronenverveine garnieren.

Bratäpfel
mit Kastanien-Nuss-Füllung

4–5 Äpfel, Boskoop oder Maigold

Füllung
200 g gesüßtes Bio-Kastanienpüree
50 g geriebene Baumnüsse/ Walnüsse
2 EL grob gehackte Baumnüsse/Walnüsse
3 EL Crème fraîche
1 Eigelb von einem Freilandei
Zimtpulver
abgeriebene Schale einer unbehandelten Orange

Butter
Vollrohrzucker
gehackte Baumnüsse/ Walnüsse

1
Den Backofen auf 200 °C vorheizen.

2
Die Zutaten für die Füllung vermengen, mit Zimtpulver und Orangenschale abschmecken.

3
Die Äpfel halbieren und das Kerngehäuse mit dem Kugelausstecher entfernen.

4
Das Kastanienpüree in die Apfelhälften füllen und diese in eine eingebutterte Gratinform stellen.
Mit Butterflocken, Zucker und gehackten Baumnüssen bestreuen.

5
Die gefüllten Äpfel im Backofen bei 200 °C 20 bis 25 Minuten backen.

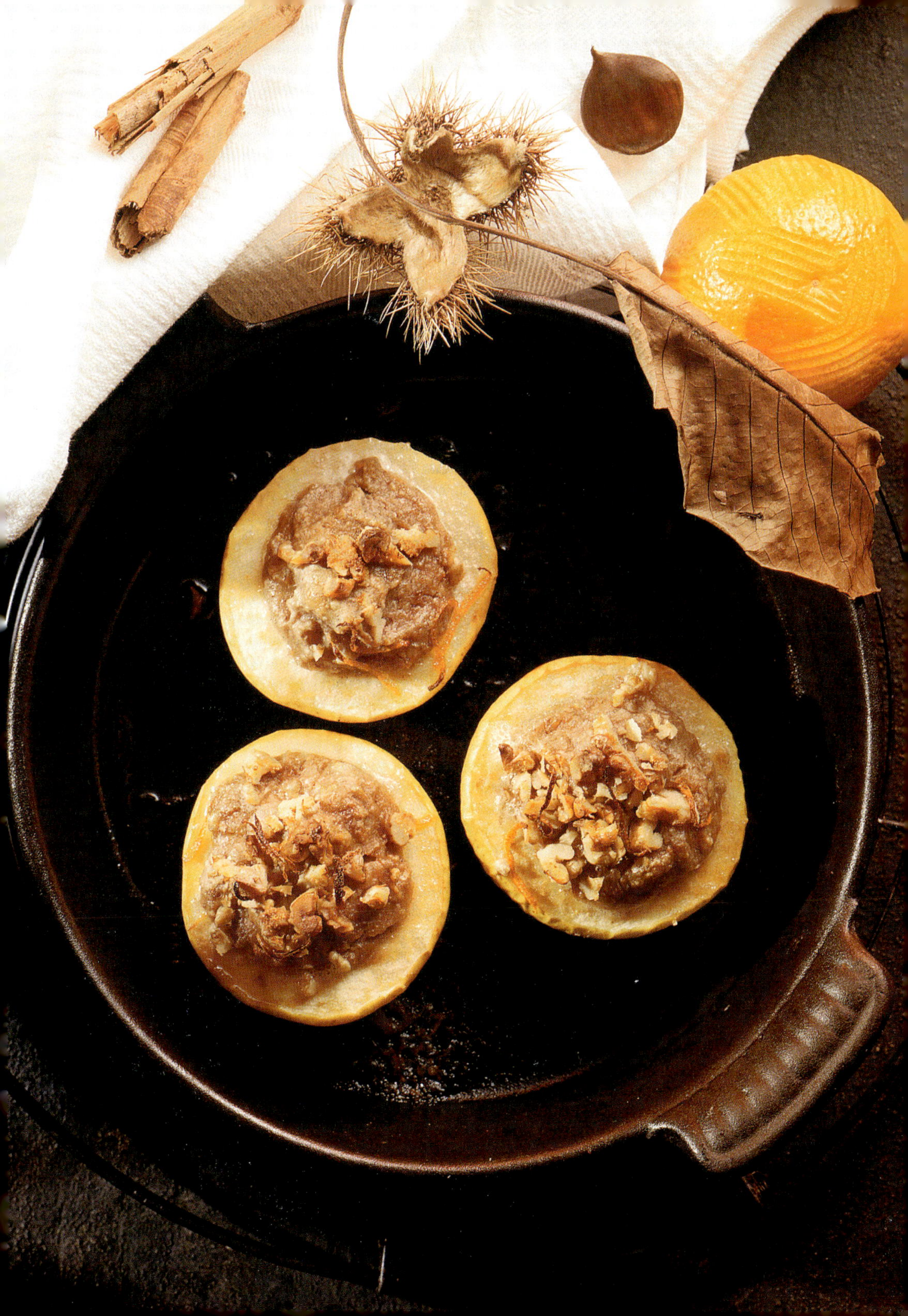

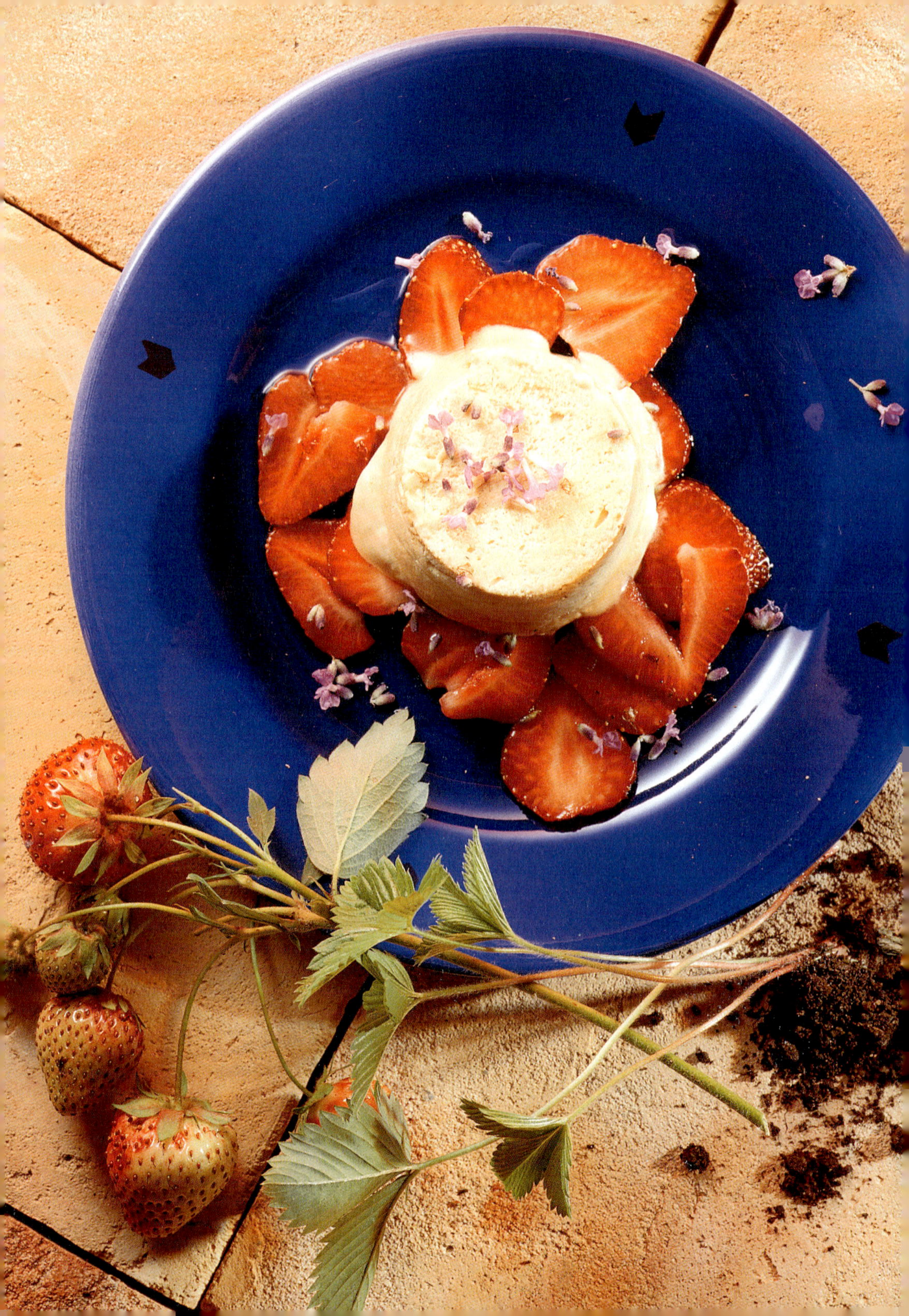

Kastanienparfait

für 6 Personen

2–3 Eigelbe von Freilandeiern
2 EL Akazienhonig
200 g ungesüßtes
Bio-Kastanienpüree
3 dl/300 ml Rahm/Sahne
1 Msp Vanillepulver

1 EL Kastanienlikör oder
Amaretto
Früchte für die Garnitur
Zitronenmelisse
nach Belieben
Schlagrahm nach Belieben

1
Das Eigelb und den Honig in der Küchenmaschine mindestens 10 Minuten cremig aufschlagen.
Oder von Hand mit dem Schneebesen 15 Minuten aufschlagen. Das Kastanienpüree unterrühren.

2
Den Rahm mit dem Vanillepulver steif schlagen, unter die Kastanienmasse ziehen.

3
Die Parfaitmasse in Portionenförmchen füllen, im Tiefkühler fest werden lassen.

4
Das Parfait etwa 10 Minuten vor dem Servieren in den Kühlschrank stellen. Förmchen kurz in heißes Wasser tauchen, den Rand mit einem Messer lösen, die Köpfchen stürzen. Mit Kastanienlikör beträufeln, mit Beeren umgeben und nach Belieben mit Schlagrahm und Zitronenmelisse garnieren.

Variante
Das Kastanienpüree durch Kastanien aus dem Glas ersetzen, pürieren. Oder tiefgekühlte Kastanien im Dampf weich garen, pürieren.

Tessiner
Kastanien-Schoko-Eiscake

für eine Cakeform von
20 cm Länge

100 g dunkle Schokolade
400 g gesüßtes
Bio-Kastanienpüree
200 g Mascarpone
6 EL Kastanienlikör oder Amaretto
1/2 TL Vanillepulver

1
Die Schokolade zerbröckeln, zusammen mit wenig Wasser (1–2 EL) in ein kleines Gefäß geben, im heißen Wasserbad unter ständigem Rühren schmelzen.

2
Geschmolzene Schokolade, Kastanienpüree und Mascarpone glatt rühren, mit dem Kastanienlikör und dem Vanillepulver aromatisieren.

3
Die Kastanienmasse in die Cakeform füllen, im Tiefkühler fest werden lassen.

4
Den Cake 10 Minuten vor dem Servieren in den Kühlschrank stellen. Kurz in heißes Wasser tauchen, den Rand mit einem Messer lösen und auf eine Platte stürzen und in Scheiben schneiden. Auf Tellern anrichten, mit Früchten und Schlagrahm garnieren.

Variante
Bei Verwendung von ungesüßtem Kastanienpüree 80 g feinen Vollrohrzucker beifügen.

Zum Rezept
Es handelt sich um eine Kreation eines Tessiner Restaurateurs. Die Creme muss nicht unbedingt gefroren werden. Man kann wenig Schlagrahm unterziehen und die Creme als Mousse servieren.

Schnelle
Kastanien-Quark-Creme

100 g gesüßtes Bio-Kastanienpüree
1 Eigelb
150 g Vollmilchquark
1/2 TL Zimt- oder Vanillepulver
1 dl/100 ml Rahm/Sahne

Früchte nach Belieben

1
Kastanienpüree, Eigelb und Quark glatt rühren. Mit dem Zimt- oder Vanillepulver aromatisieren. Den Rahm steif schlagen und unterziehen. In Gläser füllen, kühl stellen.

2
Die Kastaniencreme mit Früchten garnieren.

Variante
Wenn ungesüßtes Kastanienpüree verwendet wird, die Creme mit geschmacksneutralem Honig, z. B. 1 bis 2 Esslöffeln Akazienhonig, süßen.

Kastanienflocken
mit Beeren

pro Person

2–3 EL Kastanienflocken
150 g Beeren, z. B. Erdbeeren, Himbeeren, Brombeeren, Heidelbeeren, je nach Saison
1 Prise Vanillepulver
3 EL Rahm/Sahne
1 TL Ahornsirup

1
Die Kastanienflocken in eine Portionenschale geben. Die Beeren darauf verteilen. Vanillepulver, Rahm und Ahornsirup verrühren, über die Beeren träufeln. Sofort servieren.

Tipp
Wenn man Kastanienflocken und grobe Kokosraspeln im Verhältnis 1 : 1 mischt, erhält man eine knusprige, leicht süße Zwischenverpflegung für Kinder.

DESSERTS

Marroni-Shake

pro Person

1 Kugel Vanilleglace
4 gekochte Kastanien oder
1 EL Kastanienkonfitüre oder
1 EL gesüßtes
Bio-Kastanienpüree
2 dl/200 ml Milch

1
Sämliche Zutaten in das Mixerglas geben und kräftig mixen.
2
Shake in ein hohes Wasserglas füllen. Mit einem Strohhalm genießen.

Truffes aux marrons –
Kastanientrüffel

für ca. 20 Trüffel

Trüffel
50 g dunkle Schokolade
1–2 EL Wasser
100 g Puderzucker
50 g geriebene Mandeln
1 EL Kastanienlikör oder Kirsch
200 g ungezuckertes Bio-Kastanienpüree

Überzug
100 g dunkle Schokolade
2 EL Wasser
50 g weiche Butter

Pralinenförmchen

1
Für die Trüffel die Schokolade grob zerbröckeln, zusammen mit dem Wasser in ein kleines Gefäß geben, im heißen Wasserbad unter ständigem Rühren schmelzen.

2
Flüssige Schokolade zusammen mit dem Puderzucker, den Mandeln und dem Likör unter das Kastanienpüree rühren. Die Kastanienmasse etwa 30 Minuten kühl stellen. Dann mit einem Teelöffel Klößchen abstechen, zwischen den Handflächen Kugeln formen.

3
Für den Überzug die Schokolade grob zerbröckeln, mit dem Wasser in ein kleines Gefäß geben, im heißen Wasserbad unter ständigem Rühren schmelzen. Die flüssige Schokolade mit dem Schneebesen rasch unter die weiche Butter rühren.

4
Den Schokoladenüberzug auf einen mit heißem Wasser abgespülten Teller gießen. Die Kastanienkugeln darin drehen. Sofort in Pralinenförmchen oder auf Pergamentpapier setzen.

Tessiner
Kastanienpralinen

für ca. 25 Pralinen

**30 g Rosinen
2–3 EL Kastanienlikör oder Amaretto
100 g gekochte Kastanien (ersatzweise aus dem Glas), Seite 22
50 g Pinienkerne
50 g Mandeln oder Baumnüsse/Walnüsse
30 g Kokosnussflocken
30 g dunkle Schokolade
$1/4$ TL Vanillepulver
ca. 1 EL Kastanien- oder Akazienhonig
Kakaopulver oder geriebene Schokoladenspäne zum Wenden**

Pralinenförmchen

1
Die Rosinen im Likör einige Stunden marinieren.
2
Rosinen, Kastanien, Pinienkerne, Mandeln, Kokosnussflocken und Schokolade in der Moulinette oder im Mixerglas zu einer feinen Masse verarbeiten. Vanillepulver und Honig unterrühren.
3
Aus der Pralinenmasse von Hand kleine Kugeln formen, im Kakaopulver oder in den Schokoladenspänen wenden, in die Pralinenförmchen setzen.

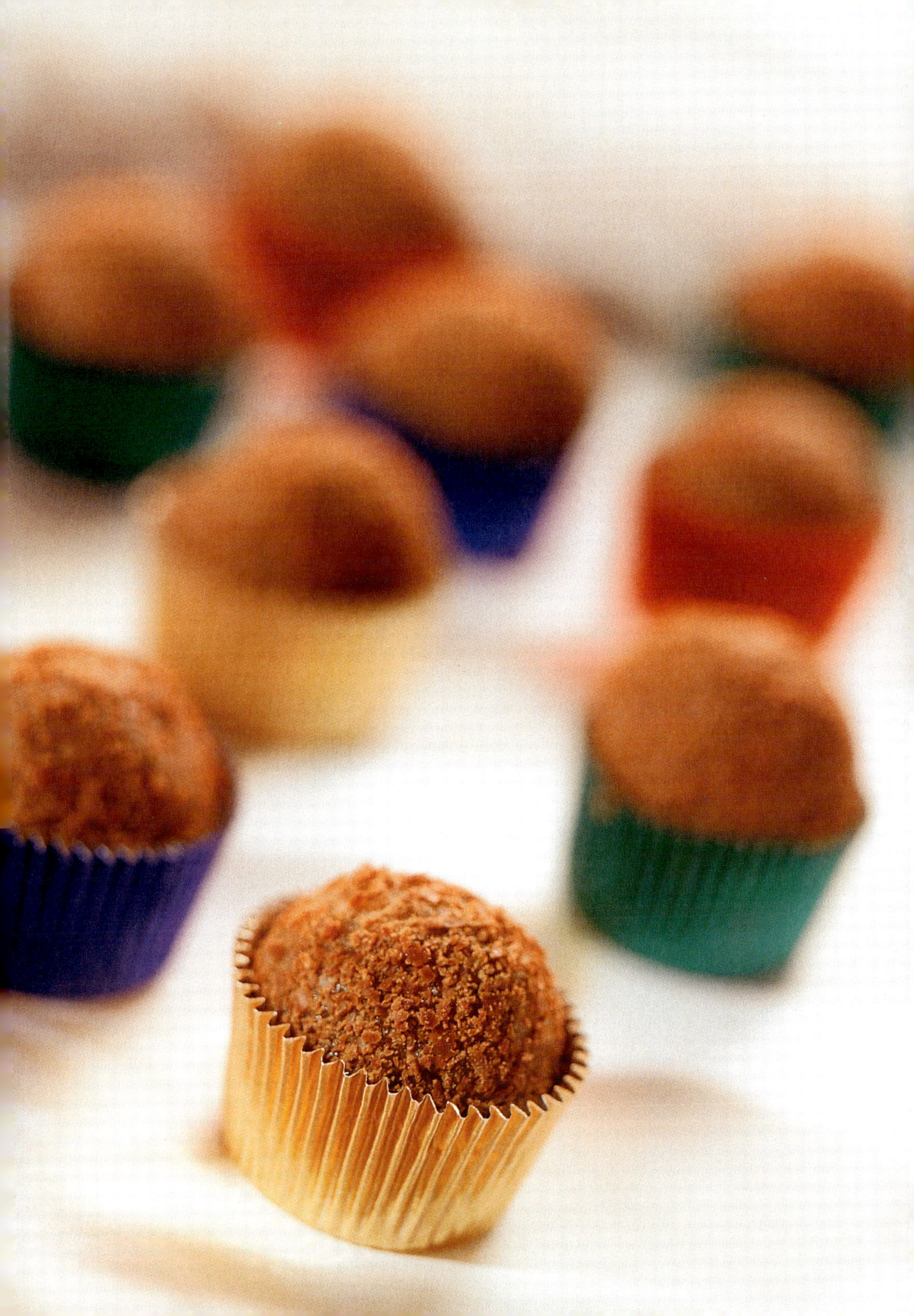

Kastanienroulade

Biskuitmasse
100 g Dinkelvollkornmehl
75 g Kastanienmehl
(aus luftgetrockneten Kastanien)
1 TL phosphatfreies Backpulver
1 Prise Vanillepulver
1 Prise Meersalz
4 Eigelbe von Freilandeiern
1/2 dl/50 ml warmes Wasser
100 g Akazienhonig
4 Eiweiß

Füllung
2 dl/200 ml Rahm/Sahne
3–4 EL gesüßtes Bio-Kastanienpüree
1–2 EL Kastanienlikör oder Amaretto
1 Hand voll Saisonbeeren

1
Den Backofen auf 220 °C vorheizen. Den Rücken eines rechteckigen Backblechs mit Backpapier belegen.

2
Dinkel- und Kastanienmehl, Backpulver, Vanillepulver und Salz mischen.

3
Eigelbe, Wasser sowie Honig mit dem Handrührgerät oder mit dem Schneebesen 10 Minuten oder länger cremig aufschlagen. Die Masse muss weiß sein.

4
Das Eiweiß zu Schnee schlagen.

5
Das Mehl und den Eischnee abwechslungsweise unter die Eigelbcreme heben.

6
Den Teig auf dem mit Backpapier belegten Blech ausstreichen. Das Biskuit im Backofen bei 220 °C auf mittlerem Einschub etwa 13 Minuten backen. Das Biskuit auf ein mit Vollrohrzucker bestreutes Geschirrtuch stürzen, mit dem warmen Blech zudecken. 5 Minuten auskühlen lassen, dann die Roulade mit Hilfe des Tuches aufrollen und vor dem Füllen ganz auskühlen lassen.

7
Kastanienlikör unter das Kastanienpüree rühren. Den Rahm steif schlagen und unterziehen. Die Masse auf die Roulade streichen, mit Beeren belegen. Vorsichtig aufrollen. 1 bis 2 Stunden ruhen lassen. Dann mit einem scharfen Messer in Scheiben schneiden.

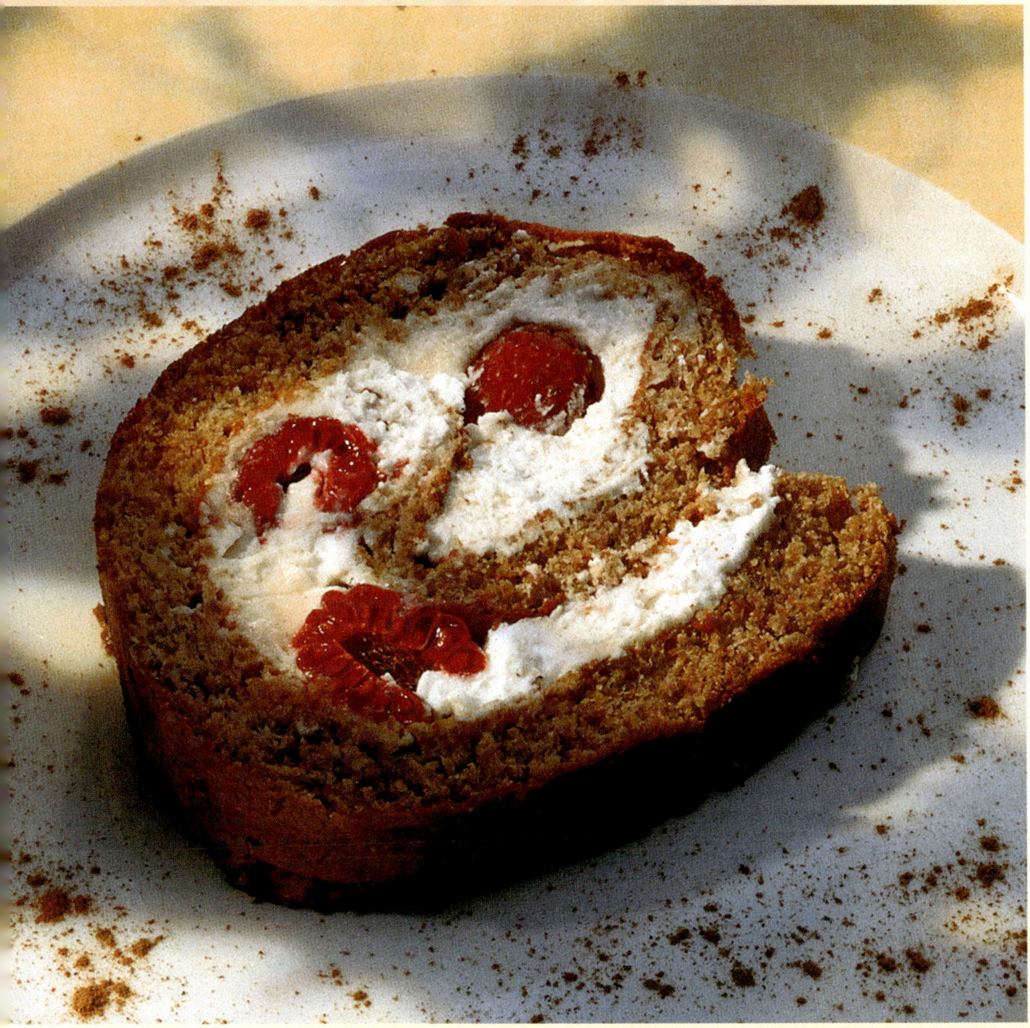

Feine Kastanientorte
mit Schokoladenglasur

für eine Springform
von 26 cm Durchmesser

**300 g geschälte Kastanien,
Seite 20
200 g weiche Butter
4 EL Akazienhonig
5 Eigelbe von Freilandeiern
1/2 TL Vanillepulver
abgeriebene Schale einer
unbehandelten Orange
1 Prise Zimtpulver
5 Eiweiß
1 EL Dinkelvollkornmehl**

Schokoladenglasur
**50 g dunkle Schokolade
1 dl/100 ml Rahm/Sahne
Mandelblättchen,
schwach geröstet**

1
Die Kastanien im Dampf weich garen, durch ein Passevite drehen und abkühlen lassen.

2
Den Backofen auf 190 °C vorheizen. Den Boden der Springform mit Backpapier belegen, den Rand gut einfetten.

3
Die Butter mit dem Honig luftig aufschlagen, Eigelbe nach und nach beifügen, die Gewürze und das Kastanienpüree unterrühren.

4
Das Eiweiß zu Schnee schlagen, zusammen mit dem Mehl unter die Kastanienmasse heben. Die Biskuitmasse in die Springform füllen und glatt streichen.

5
Kastanientorte im Ofen bei 190 °C auf mittlerem Einschub rund 50 Minuten backen. Nadelprobe machen. Etwas auskühlen lassen. Den Rand sorgfältig lösen und die Torte stürzen, das Backpapier entfernen.

6
Für den Überzug zerbröckelte Schokolade und Rahm nur so lange erwärmen, bis die Schokolade geschmolzen ist. Die noch lauwarme Torte damit überziehen. Mandelblättchen darüber streuen. Auskühlen lassen.

Kastanienwaffeln

150 g Kastanienmehl
(aus luftgetrockneten
Kastanien)
150 g Dinkelvollkornmehl
100 g geschälte Mandeln
1 Msp Meersalz
abgeriebene Schale einer
unbehandelten Orange
4 Freilandeier
2 dl/200 ml Milch
2 EL Akazienhonig
1 EL Kastanienlikör oder
Amaretto
$^1/_2$ TL Vanillepulver

Tipp
Mit Beeren und Schlagrahm
servieren

1
Die Mandeln auf ein Backblech verteilen und im Backofen bei 200 °C rösten. Zuerst abkühlen lassen, dann fein reiben.

2
Mehle, Mandeln und Salz mischen, die restlichen Zutaten zugeben, zu einem glatten Teig rühren. Mindestens 15 Minuten quellen lassen.

3
Den Teig portionieren und im Waffeleisen Waffeln ausbacken.

SÜSSES GEBÄCK

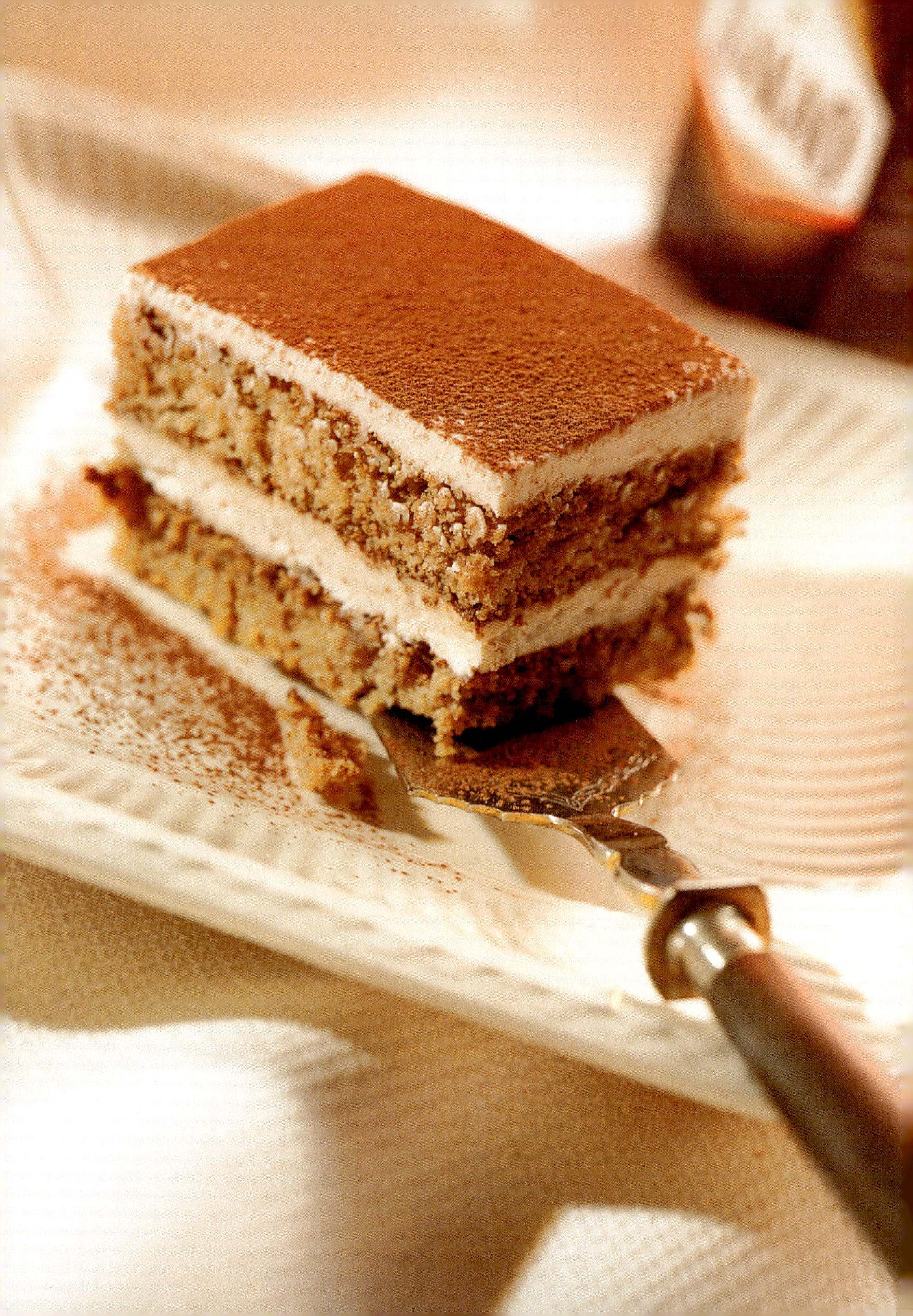

Kastanien-Tiramisu

für 8 bis 12 Personen
für eine rechteckige Form

Biskuitteig
4 Freilandeier
3 EL Kastanienlikör oder Amaretto
3 EL Akazienhonig
150 g Kastanienmehl (aus luftgetrockneten Kastanien)
50 g Dinkelvollkornmehl
1 Prise Meersalz
abgeriebene Schale einer unbehandelten Orange

Füllung
500 g Mascarpone
200 g gesüßtes Bio-Kastanienpüree
3 EL Kastanienlikör oder Amaretto
abgeriebene Schale einer unbehandelten Orange oder Vanillepulver
1 EL Akazien- oder Kastanienhonig
2,5 dl/250 ml Rahm/Sahne

3,5 dl/350 ml starker Kaffee (Espresso)

Tipp
Vor dem Servieren mit Kakaopulver bestäuben

1
Für das Biskuit die Eier mit dem Likör und dem Honig in der Küchenmaschine mindestens 10 Minuten schaumig rühren. Bei Verwendung eines Handmixers oder eines Schneebesens die Eier trennen und Eiweiß getrennt sehr steif schlagen, später mit dem Mehl unter die Eigelbmasse heben.

2
Den Backofen auf 220 °C vorheizen.

3
Mehle, Salz, Backpulver und Orangenschalen mischen und unter die Eimasse ziehen. Oder das Mehl und den Eischnee abwechslungsweise unter die Eigelbmasse heben. Den Teig auf einem mit Backpapier belegten Blechrücken (rechteckiges Blech) 1 cm dick ausstreichen (doppelt so groß wie die Form).

4
Das Biskuit im Backofen bei 220 °C auf mittlerem Einschub 13 Minuten backen. Das Biskuit darf leicht knusprig sein.

5
Mascarpone, Kastanienpüree, Likör, Orangenschalen und Honig gut verrühren. Den Rahm steif schlagen und unterziehen.

6
Das Biskuit halbieren, einen Teil in die Form legen und mit der Hälfte Kaffee beträufeln. Mit der Hälfte der Mascarponecreme bedecken, das zweite Biskuit darauf legen, mit dem restlichen Kaffee beträufeln, mit der restlichen Creme abschließen. Einige Stunden kühl stellen.

Marronicake

für eine Cakeform
von 26 cm Länge

150 g weiche Butter
150 g Vollrohrzucker
3 Freilandeier
150 g Dinkelvollkornmehl
50 g Pfeilwurzelmehl
1 TL phosphatfreies Backpulver
1/2 TL Lebkuchengewürz
1/2 TL Zimtpulver
1/2 abgeriebene Schale einer unbehandelten Orange
150 g gekochte Kastanien, Seite 22
4 EL Kastanienlikör
10 geschälte und gekochte Kastanien

3 EL Mandelstifte
für die Form

1
Den Backofen auf 200 °C vorheizen. Die Cakeform gut einbuttern. Mandelstifte auf den Boden verteilen.
2
Die Butter und den Zucker mit dem Handrührgerät oder mit dem Schneebesen mindestens 10 Minuten luftig aufschlagen. Die Eier nach und nach zugeben.
3
Dinkel- und Pfeilwurzelmehl, Backpulver sowie Gewürze mischen, zur Buttermasse geben, glatt rühren. Kastanien (150 g) mit einer Gabel fein zerdrücken, mit dem Kastanienlikör unter den Teig rühren.
4
Den Teig in die vorbereitete Cakeform füllen, glatt streichen. Die Kastanien in den Teig drücken.
5
Marronicake im Backofen bei 200 °C auf mittlerem Einschub 50 bis 60 Minuten backen. Nadelprobe machen.